D1927565

Richard Adams

Die Natur bei Tag und Nacht

Illustration: David Goddard
Wissenschaftliche Texte: Max Hooper
Deutsch von Karin und Alex Hutter

Verlag Sauerländer
Aarau · Frankfurt am Main · Salzburg

Richard Adams
Die Natur bei Tag und Nacht

Illustration: David Goddard
Wissenschaftliche Texte: Max Hooper
Wissenschaftliche Zeichnungen von Stephen Lee
Deutsch von Karin und Alex Hutter

Copyright der Originalausgabe (Nature Day and Night)
© 1978 by Felix Gluck Press Limited, Twickenham/England
Copyright der Übersetzung © 1979 by Verlag Sauerländer, Aarau/Switzerland
und Frankfurt am Main/Germany
Herstellung: Sauerländer, Aarau, und W.S. Cowell Ltd., Ipswich
Printed in Great Britain

ISBN 3-7941-1947-9
Bestellnummer 01 01947

Tag
Nacht

Stadtbücherei
Fichtestraße 50
6072 Dreieich

Buch Nr.
ausgeschieden
4167/80

6.7
Uf
Adam

CIP-Kurztitelaufnahme der Deutschen Bibliothek

Adams, Richard:
Die Natur bei Tag und Nacht / Richard Adams. Ill.: David Goddard.
Wissenschaftl. Texte: Max Hooper. Dt. von Karin u. Alex Hutter. –
Aarau, Frankfurt am Main, Salzburg : Sauerländer, 1979.
Einheitssacht.: Nature day and night ‹dt.›
ISBN 3-7941-1947-9
NE: Goddard, David A.

Inhalt

Einleitung 9

Die Wiese bei Tag 10
Feuchtigkeit und Tau 14
Der Tag-Nacht-Rhythmus in der Natur 16

Der Himmel bei Tag 18
Warme und kalte Luft 22
Wolkenformen und Wetterkarten 24

Die Wiese bei Einbruch der Dunkelheit 26
Nächtliches Leben 30
Leuchtfähigkeit in der Natur 32

Der Nachthimmel 34
Orientierung bei Tieren 38
Sterne und Sternbilder 40

Das Moor bei Tag 42
Blätter und Sonnenlicht 46
Spinnen und ihre Netze 48

Das Moor bei Einbruch der Dunkelheit 50
Sehen und Hören 54
Das Sehen bei Tieren 56

Der Wald bei Tag 58
Konzert im Morgengrauen 62
Vogelnester, und wie sie gebaut werden 64

Der Wald bei Einbruch der Nacht 66
Fährten und Zeichen 70
Schnecken und Wegschnecken 72

Ein Bergbach bei Tag 74
Lebensweisen im Wasser 78
Wasserinsekten und ihr Lebenslauf 80

Ein See bei Einbruch der Nacht 82
Leben in Flüssen 86
Moose und Flechten 88

Eine Felsenküste bei Tag 90
Gezeiten und innere Uhr 94
Pflanzen und Tiere an der Meeresküste 96

Die Küste bei Abenddämmerung 98
Seichtes und tiefes Wasser 102

Pflanzen, Tiere und Sachbegriffe von A bis Z 104

Einleitung

Wir Menschen auf diesem Planeten sind es gewöhnt, von Tag und Nacht so zu sprechen, als handelte es sich um eindeutige, festgelegte Dinge. Wir sagen «es war Nachmittag» und «es regnete». Und wenn wir am Abend schlafengehen und den Bewußtseinszustand verlieren, den wir beim Erwachen am Morgen wiederfinden, haben wir das Gefühl, daß es einen Bruch im Ablauf der Zeit gab und daß das «Gestern» vom «Heute» durch die dazwischenliegende Nacht, während wir schliefen, abgetrennt wurde. Es ist befremdlich und ziemlich erschreckend, festzustellen – wahrhaftig zu fühlen und zu begreifen –, daß dies nicht richtig ist. Tag und Nacht sind durchaus nicht im selben Sinne Tatsachen wie z.B. der Regen, denn seit Beginn der Welt läuft die Zeit stetig und ununterbrochen ab.

Wir leben auf einer Kugel aus geschmolzenem und abgekühltem Gestein, bedeckt mit Erde, Pflanzen und Wasser, die sich um ihre eigene Achse und um die Sonne dreht. Der Teil der Erde, der der Sonne zugekehrt ist, ist warm und hell. Dauer und Stärke der Besonnung verändern sich, weil die Erde rund ist und schief auf der elliptischen Bahn steht, in der sie um die Sonne kreist. Der der Sonne abgewandte Teil befindet sich im Schatten, der ein Teil der Finsternis ist, die überall im Weltraum herrscht – mit Ausnahme der kleinen Bereiche, die sich eben in der Nähe einer starken Lichtquelle befinden.

Es gibt weder Tag und Nacht, sondern nur dieses ewig gleichbleibende Spiel von Licht und Schatten, in welches jeder Punkt der Erdoberfläche einbezogen ist. Es gibt überhaupt keinen Bruch im Ablauf der Zeit, keine Trennung zwischen diesem Tag und dem nächsten. Wenn es Tag ist in Neuseeland, ist es Nacht in England. Hätte man ein sehr schnelles Flugzeug, könnte man immer im Tageslicht bleiben. Natürlich wäre das teuer, anstrengend und sinnlos. Es soll aber Leute geben, die es fertigbringen, auf Reisen im ewigen Sommer zu leben.

Auch daß wir nur einen Mond sehen, ist zufällig. Denn lebten wir auf dem Mars, sähen wir zwei Monde, und Jupiter hat gar zwölf.

Tag und Nacht sind also nichts Reales, sagt die Wissenschaft. Doch in unserem Herzen, in unserem Körper, in unserer Vorstellung, im tiefsten Inneren unseres Lebens und im Leben aller Tiere und Pflanzen sieht es anders aus. Tag und Nacht bestimmen und ordnen unser Leben, unsere Arbeit, unser Spiel, unsere Märchen und Träume, unsere Regungen wie Mut und Furcht. Dichter, Maler und Musiker haben das Leben oft mit einem Tanz verglichen. Wenn sie vom «Tanz des Lebens» sprechen, meinen sie, daß das Leben eine Sache des Rhythmus ist. Wir neigen dazu, uns im Frühling aktiv und angeregt zu fühlen, eifrig und energisch, wenn die Sonne am Morgen ins Schlafzimmer scheint. Wir können feststellen, daß wir gedrückt und nervös bei Gewitterschwüle sind und entspannt und schläfrig bei Einbruch der Nacht. Die Erde, auf der wir leben, überträgt ihren Rhythmus auf uns, und sein Einfluß und unsere Reaktionen darauf machen einen wesentlichen Teil des Lebens auf der Erde aus. Der irische Dichter Padraic Colum spricht vom bäuerlichen Leben, das bestimmt wird vom Rhythmus der Sonne und des Feuers. Im Vordergrund, sagte er, stand der Arbeitsablauf, ihm untergeordnet war der Rhythmus der Muße, des Geschichtenerzählens und Zuhörens.

Heutzutage wird der uralte natürliche Rhythmus überall durchbrochen – durch künstliches Licht, bei der Geschwindigkeit der Fortbewegung, durch veränderte Abläufe von Arbeit und Spiel, kurz: durch die neuentdeckte Macht des Menschen, die Welt zu verändern. Wenn auch diese vom Menschen geschaffenen Veränderungen vorteilhaft erscheinen, sollten wir doch darauf achten, wie weit wir in den tiefen und uralten Rhythmus eingreifen dürfen, der uns und die Welt in Gleichgewicht hält.

Dieses Buch handelt von einem Gegensatz – Tag und Nacht. Es gibt ihn nicht – wenn wir wollen, können wir die Nacht zum Tag machen und den Tag zur Nacht. Trotzdem bilden die Tageszeiten die stärkste Kraft in der Natur und im Rhythmus unseres Lebens.

Die Wiese bei Tag

Eine meiner frühesten Erinnerungen geht auf eine Wiese im Juni zurück. Die Wiese gibt es nicht mehr – sie wurde überbaut –, aber die Erinnerung bleibt. Ich muß damals etwa fünf Jahre alt gewesen sein. Ein Freund hatte mich besucht. Es war Hochsommer, und wir spielten draußen im hohen Gras. Ich erinnere mich an die großen Margeriten – auch Wucherblumen genannt –, die fast so hoch waren wie wir, und an das Fuchsschwanz-Gras, das man aus seiner Scheide ziehen und kauen kann. Hans pflückte Hahnenfuß, zupfte die Blütenblätter ab und mischte sie mit den rotgrünen Blüten des Sauerampfers, von dem man ganze Hände voll ernten kann, wenn man die geschlossene Hand über die Pflanze streift. «Was hast du damit vor?» fragte ich und sah mir die rotgelbe Mischung an – gelbe Blütenblätter in körnigem rotem Puder. «Wir können Leute damit bewerfen», sagte Hans. Gesagt, getan. Es war kein schlechter Zeitvertreib für fünfjährige Jungen, Blumenkonfetti auf einer hochsommerlichen Heuwiese zu sammeln. Das ist nun länger als fünfzig Jahre her. Ob sich Hans wohl auch noch daran erinnert? Eine andere zauberhafte Blume, die auf dieser Wiese wuchs, war das Orangerote Habichtskraut *(Pilosella aurantiacum)*. Ich liebte die unzähligen Blütenköpfe, die weiche Behaarung und die wunderschöne orangerote Färbung – einzigartig unter den Wildpflanzen, meine ich.

Es gab auch Grillen auf dieser Wiese. Ihr Zirpen an einem heißen Nachmittag bringt mir all das wieder in Erinnerung. Oft kroch ich ganz vorsichtig auf sie zu und versuchte sie dabei zu beobachten, wie sie Schrillkamm und Schrillkante aneinanderreiben. Man kann nicht genau sehen, wie sie das machen, aber wenn man dieses Geräusch hört, sieht man, daß sich Flügel und Beine bewegen. Es erscheint mir immer wie ein Wunder, daß winzige zerbrechliche Flügel und Beine ein so durchdringendes Geräusch erzeugen können. Die Laubheuschrecken sind hübsch; und die braunen Feldheuschrecken segeln so schön, wenn sie springen. Man kann ihre Flügel rot schimmern sehen, bevor sie sich wieder niederlassen. Jedesmal, wenn nach meiner Meinung die Anzahl der Heuschrecken auf unserer Wiese abgenommen hatte, verbrachte ich einen Nachmittag auf der nahen Gemeindewiese, fing mir etwa hundert Tiere und ließ sie noch am gleichen Tag auf unserer Wiese frei.

Heute, wenn ich im Hochsommer an einem Wiesenrain entlangwandere, wird meine Aufmerksamkeit meistens von Vögeln gefesselt. Meine besonderen Lieblinge sind die Sänger, besonders Mönchsgrasmücke und Gartengrasmücke. Sie singen am schönsten bei Sonnenaufgang und sogar noch früher; an einem schönen Junitag kann man sie jedoch zu jeder Tageszeit hören. Sie brauchen hohe, dichte Hecken, struppiges Buschwerk oder Baumgruppen in offenem Gelände. Auch der Fitis hat ein nettes kleines Lied, eine weiche, wohltönende Tonfolge, zart und langsam abfallend; nicht zu vergleichen mit den beiden anderen, aber dennoch mit einem kühlen, grünen, laubigen Klang.

Dann gibt es auch die Finken, die bekannten und weniger bekannten. Jeder kennt den Buchfink mit seinem blaugrauen Kopf und der im Fliegen weiß aufblitzenden Flügelbinde. Buchfinken können ganz zahm werden und einem fast aus der Hand fressen. Etwas scheuer und bunter ist der Stieglitz mit seinem rot-schwarz-weißen Kopf und den schwarz-gelben Flügeln; er ist zwar mehr in Ginsterbüschen auf Ödland zu Hause als in richtigen Wiesen, sucht dort aber gerne in hohem Unkraut nach Distelsamen und anderen Sämereien. Auch den Hänfling trifft man häufig auf Wiesen an, besonders wenn die Wiese auf einem Höhenrücken oder in der Nähe eines Hochlands liegt. Unter den Finken gibt es aber noch andere Gesellen. Der Grünling, der mit seiner auffallenden gelbgrünen Färbung etwas dem Kanarienvogel ähnelt, ist ein recht gedrungener Vogel. Er hat drei Rufe: der erste besteht ganz einfach in der Wiederholung eines Tons mit einer Pause dazwischen: «Wit-wit-wit.» Der zweite ist ein schnelles «Wit-wit-wit-wit-wit». Am dritten kann man ihn am leichtesten erkennen: ein lautes schnelles Klingeln. Es endet mit einem eigenartig kreischenden Laut. «Da zerreißt ein Grünfink seine Seide», pflegte mein Vater dazu zu sagen. Er beachtete den Grünfink kaum, sein ganzer Zorn galt vielmehr dem

Gimpel. Tatsächlich richten Gimpel manchmal Schaden an. Plump, in sturer Beharrlichkeit sitzen sie im März im Pflaumenbaum und fressen eine Knospe nach der anderen ab oder fallen über andere Obstbäume her. Trotz alledem, man muß sie einfach hübsch finden mit ihrer schwarzen Kappe und ihrer lebhaft roten Brust. Ein Freund von mir, ein guter Vogelkenner, sagte oft: «Weißt du, das Leben ist schöner, wenn man einen Gimpel gesehen hat, nicht wahr?»
Gänseblümchen und Klee, Sauerampfer und Jakobskraut – die Welt sähe anders aus, wenn all dies zu den sommerlichen Erinnerungen aller Menschen gehören würde. Wenn du eine Kleeblüte abpflückst und daran saugst, schmeckt es ein wenig nach Honig. Verschmähe auch das Jakobskraut nicht. Gehackt riecht es sehr gut.

Erklärungen zur nächsten Doppelseite

Pflanzen

1 Hänge-Birke, 2 Bruch-Weide, 3 Schwarz-Erle, 4 Weiße Seerose, 5 Wasser-Hahnenfuß, 6 Ufer-Zaunwinde, 7 Orangerotes Habichtskraut, 8 Zottiges Weidenröschen, 9 Bach-Ehrenpreis, 10 Wasser-Braunwurz, 11 Sumpf-Dotterblume, 12 Strumpf-Wasserfeder, 13 Gemeine Wucherblume, 14 Brombeere, 15 Hunds-Rose, 16 Blut-Weiderich, 17 Gemeines Schilf, 18 Leimkraut, 19 Butterblume, 20 Wiesen-Schaumkraut, 21 Gemeiner Efeu, 22 Deutsches Geißblatt, 23 Adlerfarn, 24 Sumpf-Vergißmeinnicht, 25 Flatter-Binse, 26 Echtes Mädesüß, 27 Wasser-Minze, 28 Echte Brunnenkresse, 29 Breitblättriger Rohrkolben, 30 Wald-Sauerklee

Tiere

31 Fischotter, 32 Steinkauz, 33 Amsel, 34 Teichhuhn, 35 Gartengrasmücke, 36 Gimpel, 37 Stieglitz, 38 Buchfink, 39 Hänfling, 40 Höckerschwan, 41 Mönchsgrasmücke, 42 Grünfink, 43 Dorngrasmücke, 44 Goldammer, 45 Fitis, 46 Singdrossel, 47 Grasfrosch, 48 Zitronenfalter, 49 Kleiner Fuchs, 50 Braungerändertes Ochsenauge, 51 Gemeine Eintagsfliege, 52 Maikäfer, 53 Gelbrandkäfer, 54 Taumelkäfer, 55 Tigerlaufkäfer, 56 Wasserläufer, 57 *Meta Segmentata,* 58 Kreuzspinne, 59 *Misumena vatia* (Krabbenspinne), 60 Gartenschnecke, 61 Flache Tellerschnecke

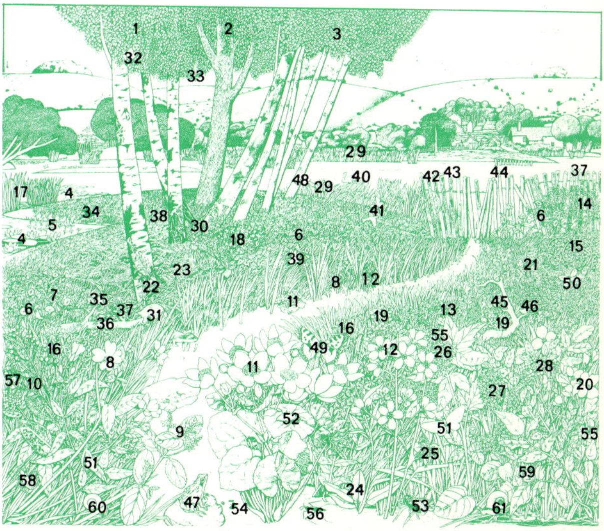

Feuchtigkeit und Tau

Tag und Nacht unterscheiden sich durch Helligkeit und Dunkelheit. Die Sonne geht am Morgen auf und am Abend unter – sagen wir. Dieser Eindruck entsteht, weil sich die Erde um ihre eigene Achse dreht. Die Sonne liefert uns auch Wärme. Es ist wärmer bei Tag als in der Nacht, und die Wärme wirkt sich auf den Feuchtigkeitsgehalt der Luft aus. Wenn sich die Luft erwärmt, bildet sich Wasserdampf. Ist die Luft jedoch mit Feuchtigkeit gesättigt und kühlt ab, kühlt auch der Wasserdampf in der Luft ab und schlägt sich als Tau nieder. Du kannst das selbst ausprobieren, indem du einen kalten Teller an die Öffnung eines Kessels mit kochendem Wasser hältst. Der Dampf, der aus der Öffnung des Kessels kommt, erwärmt den kalten Teller und wird wieder in Wasser umgeformt. Genau der gleiche Vorgang läßt den Tau entstehen.

In trockenen Gegenden, wo wenig Wasser verdunsten kann, nimmt die Luft tagsüber natürlich wenig Wasserdampf in sich auf, wie warm sie auch immer ist. Darum kann dort die Luft tagsüber trockener sein als bei Nacht, wenn der geringe Feuchtigkeitsgehalt, den die Tagesluft in Wasserdampf verwandelt hat, größer ist, als ihn die kältere Nachtluft aufnehmen kann.

Als Faustregel können wir sagen, daß die Tage meistens hell, warm und trocken sind, die Nächte hingegen dunkel, kalt und feucht.

Infolge der Erdumdrehung wechseln sich innerhalb vierundzwanzig Stunden helle, trockene und dunkle, feuchte Perioden ab – Tag und Nacht. Dies wirkt sich auch auf Tiere und Pflanzen aus. Wir wissen das, denken aber selten darüber nach.

Tagsüber, wenn die Luft sich erwärmt, wird Feuchtigkeit in Dunst umgewandelt; des Nachts jedoch, wenn die Temperatur fällt, schlägt sich der Wasserdampf als Tau nieder.

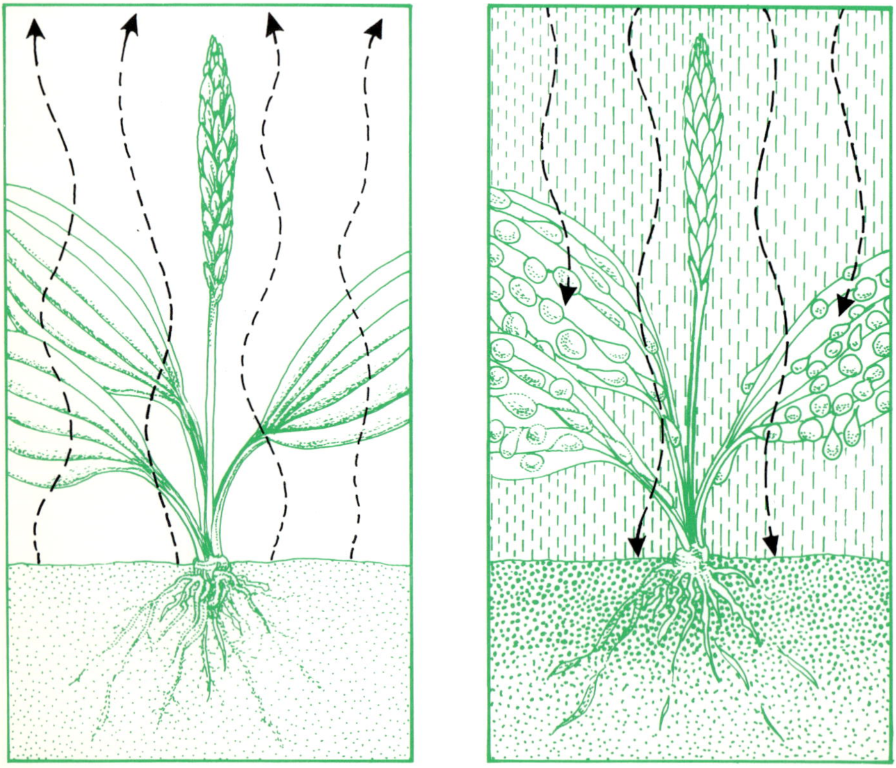

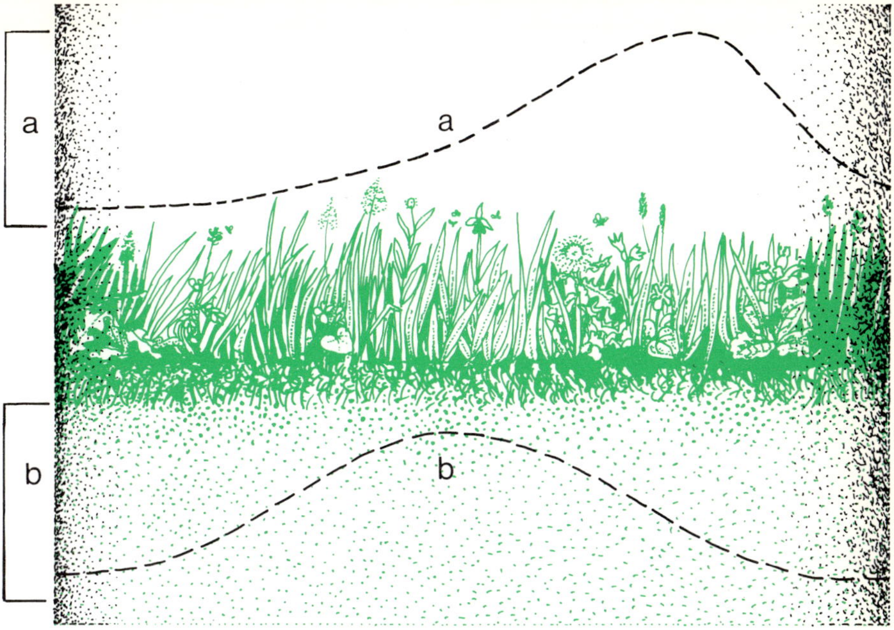

Der Boden wird direkt von der Sonne erwärmt. Die Luft darüber bezieht ihre Wärme vom Boden (a). Nachdem die Sonne ihren Höchststand überschritten hat, kühlt der Boden ab (b), jedoch erwärmt der abkühlende Boden noch immer die Luft darüber, weshalb sie ihre höchste Temperatur erst am späten Nachmittag erreicht.

Warum singen Vögel in der Morgendämmerung? Warum fliegen Schmetterlinge bei Tag und die meisten Motten bei Nacht? Manche dieser Fragen sind leicht zu beantworten. Der Waldkauz jagt bei Nacht, weil seine Beute nachtaktiv ist. Der Turmfalke fliegt bei Tag, weil seine Beute tagsüber aktiv ist. Aber warum sind nun die Beutetiere von Eule und Falke nacht- bzw. tagaktiv? Licht und Dunkelheit oder Wärme und Kälte spielen dabei eine Rolle. Für uns ist das Augenlicht wichtiger als unser Geruchssinn. Viele Tiere sind jedoch auf ihren Geruchssinn angewiesen. Der Fuchs hat, wie viele andere hundeartige Raubtiere, einen ausgezeichneten Geruchssinn. Er jagt gewöhnlich nachts. Gibt es Unterschiede bei den Sinnesleistungen tagaktiver und nachtaktiver Raubtiere?
Versuche haben ergeben, daß viele Pflanzen und Tiere ein gutes Zeitgefühl besitzen – als hätten sie eine «innere Uhr». Selbst unter Laborbedingungen, wenn sie tagelang unter gleichbleibenden Licht-, Temperatur- und Feuchtigkeitsverhältnissen gehalten werden, führen sie zur gleichen Zeit die gleichen Tätigkeiten aus. Jedoch bestimmt die innere Uhr nicht vollkommen das Leben der Organismen. Aus dem Jahre 1836 wird berichtet, daß während einer Sonnenfinsternis (um 14.15 Uhr) Bienen, die auf einer Wiese Nahrung suchten, in ihren Stock zurückkehrten und daß sich eine Stunde später bei vollkommener Sonnenfinsternis noch immer nichts rührte. Ebenso suchten Krähen ihren Schlafplatz auf, und Mücken schwärmten aus, als würde es Abend. In diesen Fällen brachte die Abdunkelung der Sonne durch den Mond die innere Uhr der Tiere durcheinander.

Der Tag-Nacht-Rhythmus in der Natur

Der Sperber macht Jagd auf Kleinvögel bis zur Größe der Singdrossel. Er jagt tagsüber, während der Waldkauz ein nächtlicher Jäger ist und kleine Nager wie die Waldmaus erbeutet.

Die Singdrossel ist einer der ersten Vögel, die man am Morgen hört. Sie singt bis zum späten Abend, und man kann sie den ganzen Tag über beobachten.

Die Waldmaus ist nachtaktiv. Sie ernährt sich von Nüssen und gelegentlich von Käfern. Bei Tag hält sie sich in ihrem Bau unter einem Baum zwischen den Wurzeln versteckt. Der Waldkauz (rechts) ist einer ihrer Feinde.

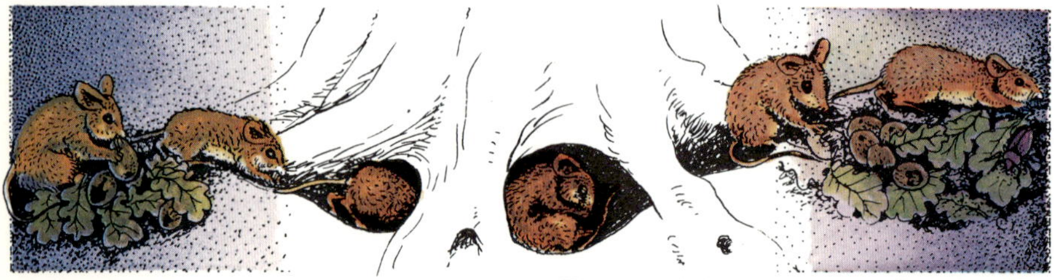

Eidechsen haben einen ungewöhnlichen Tagesablauf. Sie tauchen gegen neun Uhr auf, um sich zu sonnen. Dann machen sie kurze Ausflüge, um Nahrung zu suchen, um danach wieder auf ihren Sonnenplatz zurückzukehren. Am Spätnachmittag drehen sie sich in westliche Richtung, wo sie noch die Wärme der untergehenden Sonne erreicht.

Klee und Waldsauerklee haben ganz ähnliche Blätter, legen sie jedoch auf verschiedene Weise bei Nacht zusammen, wie aus den Abbildungen hervorgeht. Möglicherweise soll dadurch die Wärme erhalten bleiben.

Löwenzahn wie auch Gänseblümchen schließen nachts und bei heftigem Regen ihre Blütenstände, um ihre empfindlichen Staubgefäße zu schützen.

Roter Gauchheil öffnet seine Blüten erst bei vollem Sonnenlicht ganz. Bei Nacht, wenn es bedeckt ist oder wenn es regnet, bleiben sie geschlossen.

Die Echte Nachtnelke ist verwandt mit einem anderen Leimkraut: *Silene dioica*. Wie die Nachtkerze (siehe unten) öffnet sie ihre Blüten erst nachts, wenn sie von Nachtfaltern besucht wird, wie z.B. vom Mittleren Weinschwärmer. Diese Pflanzen haben einen bestimmten Duft, der die Insekten anlockt.

Der Himmel bei Tag

Der Himmel ist nicht von Natur aus blau. Daß er uns blau erscheint, kommt vom Sonnenlicht, das auf die Luftschicht – die Atmosphäre – auftrifft, in die die Erde eingehüllt ist. Einem Astronauten, der außerhalb der Atmosphäre fliegt, erscheint der Himmel schwarz, und in dieser Schwärze sieht er die Sterne mehr flackern als funkeln. Unser blauer Himmel mit seinen weißen, grauen, roten, gelben, rosa oder schwarzen Wolken ist eine Besonderheit der Erde. Es ist keine optische Täuschung, genausowenig wie ein Regenbogen, aber wie der Regenbogen ist es ein Wunder, das uns die Sonne beschert.

Wenn wir noch sehr jung sind, noch nicht lesen, schreiben oder die Uhrzeit erkennen können, achten wir vermutlich mehr auf den Himmel als später, wenn wir älter sind. In diesem Alter hat uns noch niemand eingeschärft, daß das In-die-Luft-Gukken nichts weiter ist als Tagträumerei. Fast jeder von uns kann sich an Augenblicke der frühen Kindheit erinnern, als er, auf dem Rücken liegend, in den Himmel schaute und sich Gedanken machte, was wohl dahinter sein mochte und wo er endete – Gedanken, die ins Nichts führen. Und während wir noch viel Zeit damit verbringen, Figuren oder Gestalten in Flammen zu suchen und zu beobachten, wie es regnet oder schneit, bevor wir anfangen, geschäftig zu werden oder Angst haben, die Leute würden uns wegen unserer Dummheit auslachen, schauen wir auch oft in die Wolken und erkennen dort Gestalten. In die Luft zu gucken ist müßig – eine Zeitverschwendung, wenn man so will. Meistens tun das nur Leute, die entweder sehr jung oder sehr alt sind – oder die nichts Wichtigeres zu tun haben.

Formen sind wichtig und sinnvoll, das weiß jeder Künstler oder Bildhauer. Die Gestalt und die Größe einer Frucht, eines Steines oder einer Wolke hat Bedeutung und Sinn, braucht keine zusätzliche Erklärung; wir sind armselig, wenn wir diese Bedeutung nicht erfassen. Es ist keine Zeitverschwendung, den Himmel und die Wolken zu betrachten, mit dem Bewußtsein, die Erde unter uns und den Himmel über uns zu haben, denn das läßt uns seine Schlichtheit, ungeheure Weite und Reinheit spüren. Man braucht größere Fertigkeiten, einen Himmel über einer Landschaft zu malen, als für die Landschaft selbst. Es ist nicht damit getan, gerade eben ein paar Wolken ohne besondere Gestalt zu malen und dann zu behaupten, daß alle Wolken sich gleichen – alles sei zufällig. Solltest du dies bezweifeln, gehe und betrachte die Werke der großen Landschaftsmaler – Turner, Constable, Monet oder Sisley – in einem großen Museum und sieh dir an, wie sorgfältig diese Maler die Wolken und den Himmel gestaltet haben und wie diese Sorgfalt sich auf das Gemälde auswirkt. Der Himmel ist immer die Ergänzung zur Erde. Erde und Himmel befinden sich im Gleichgewicht.

Die Natur und Art des Himmels über dem Land, das uns umgibt, wahrzunehmen, zu sehen, wie er den Charakter einer Landschaft prägt, und ihn mit seinem besonderen Spiel von Licht und Schatten mit dem an einem anderen Ort zu vergleichen – all dies ist ein wichtiger und aufregender Teil unseres Lebens auf dieser Erde. Der tiefblaue, ruhige Himmel eines heißen Augusttages, der über einem Buchenwald liegt, unterscheidet sich von dem weiten Himmel an einem schönen Oktober-Nachmittag, durch den die Sonne wie durch klares Wasser scheint. Der schwere, wolkenverhangene Himmel von Irland über dem grünen Hügelland und seinen kleinen steinigen Feldern ergibt ein ganz anderes Licht als über Norfolk, wo sich das Ackerland kilometerweit erstreckt. Ich erinnere mich gut, als vor einigen Jahren ein junges Mädchen aus Südafrika, das sich nur ein paar Wochen in England aufgehalten hatte, bemerkte, daß der auffallendste Unterschied zwischen Johannesburg und England die außergewöhnliche Feinheit und der Variationsreichtum des Lichts in England sei. «In Johannesburg», sagte sie, «gibt es nur eine Art von Licht. Hier verändert es sich fast unendlich.»

Der Himmel mit seinen Wolken ist ein Land der Phantasie und der Tagträumerei, der Muße und des Spiels der Augen mit den Erscheinungsformen. Genau wie der Schlaf und die Träume ist er immer gegenwärtig und übt stets seinen Einfluß auf uns aus, ob wir das wollen oder nicht. Ich glaube, daß das, was Proust über das Verhältnis von Schlaf und menschlichem Leben sagte, auch volle Gültigkeit für die Beziehung zwischen Himmel und Erde beanspruchen kann. «Man kann menschliches Leben nicht richtig beschreiben, ohne es eingetaucht zu zeigen in den Schlaf, in welchen es Nacht für Nacht eintaucht und der es umspült wie das Meer einen Felsen.»

Erklärungen zur nächsten Doppelseite

Wolken

1 Cumulus, 2 Stratocumulus, 3 Stratus, 4 Nimbostratus, 5 Cirrus

Pflanzen

6 Rippenfarn, 7 Heidekraut

Warme und kalte Luft

Das Leben von Pflanzen und Tieren kann man am besten verstehen, indem man es als Kampf ums Überleben betrachtet – sowohl für das einzelne Lebewesen als auch für die ganze Art. Nur jene, die zur Fortpflanzung gelangen, können als erfolgreich angesehen werden.
Die Umwelt, in der die Organismen leben, ist dabei von ausschlaggebender Bedeutung. Günstige und ungünstige Einflüsse bilden ein kompliziertes Gewebe. Teile davon bleiben jedoch immer gleich: auf den Tag folgt die Nacht, auf den Winter der Frühling. Viele Lebewesen können dank ihrer «inneren Uhr» diesen Wechsel voraussehen, und dies gestaltet ihr Leben einfacher und sicherer.
Neben Tag und Nacht und den Jahreszeiten sind auch viele andere Veränderungen der Umwelt mehr oder weniger vorhersehbar – wie Wind und Wetter, Temperatur und Feuchtigkeit. Auf nacktem Boden ist die Temperatur bei Sonnenaufgang am niedrigsten. Sie steigt schnell an und erreicht den Höhepunkt gegen Mittag, fällt wieder gegen Sonnenuntergang und sinkt bis zur Morgendämmerung langsam weiter ab.
Bei der Luft ist es ähnlich, doch erwärmt sie sich langsamer als der Boden. Sie ist am wärmsten am frühen Nachmittag, denn sie wird mehr durch den Boden erwärmt als durch die Sonne. Ganz so einfach ist das jedoch nicht. Ein dunkler Torfboden

Wenn ein Hochdruckgebiet im Gebirge und eine Tiefdruckzone im Flachland aufeinandertreffen, kann die kalte Luft über den Bergen durch die Täler abfließen, während die wärmere Luft aus dem Tiefland aufsteigt. So entstehen heftige trockene Winde, die mit beträchtlicher Geschwindigkeit durch die Täler wehen. Bekannte Beispiele sind der Mistral, der von den Alpen zur Mittelmeerküste weht, die Bora der Adriaküsten und der Chinook der Rocky Mountains.

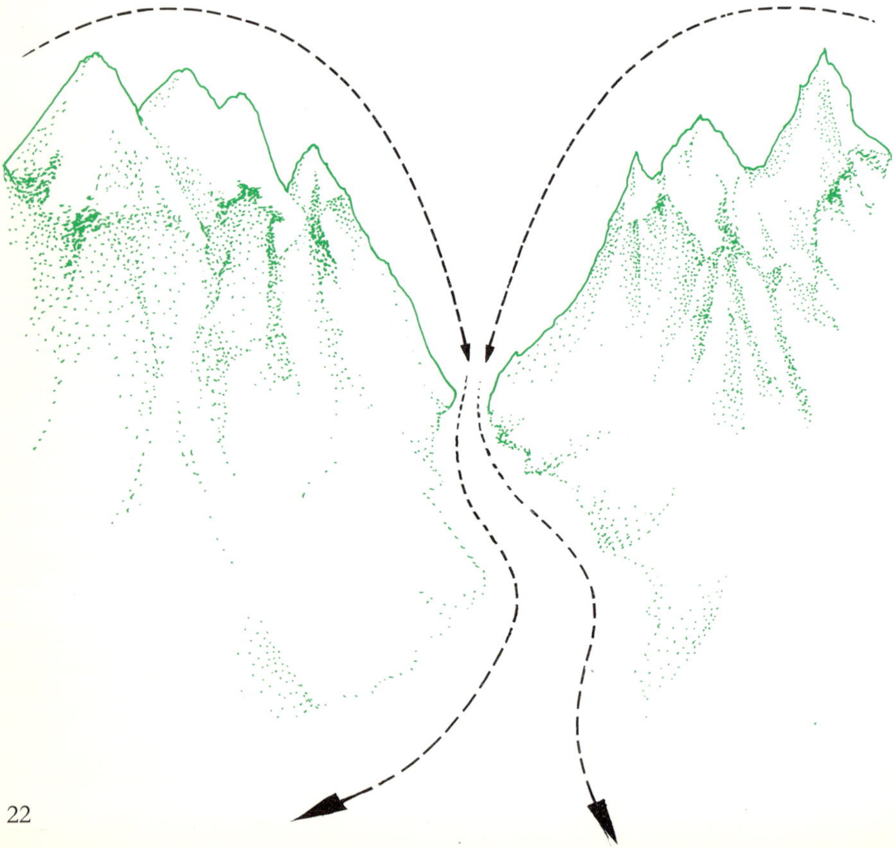

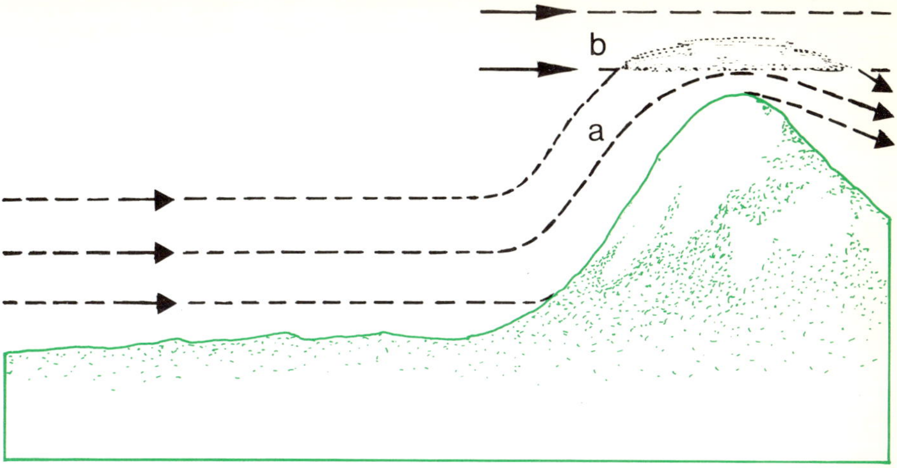

Wo der Luftdruck über Gebirgsketten hoch ist, nimmt die Luft mehr Feuchtigkeit auf, und die an den Berghängen aufsteigende Luft kann ihren Sättigungswert nicht erreichen (a). Statt dessen werden Wolken gebildet, die von starken Windströmen in Cirrus-Wolken zerfasert werden (b) – Winde mit hoher Geschwindigkeit, die in gemäßigten Breiten in etwa 10000 Meter Höhe wehen.

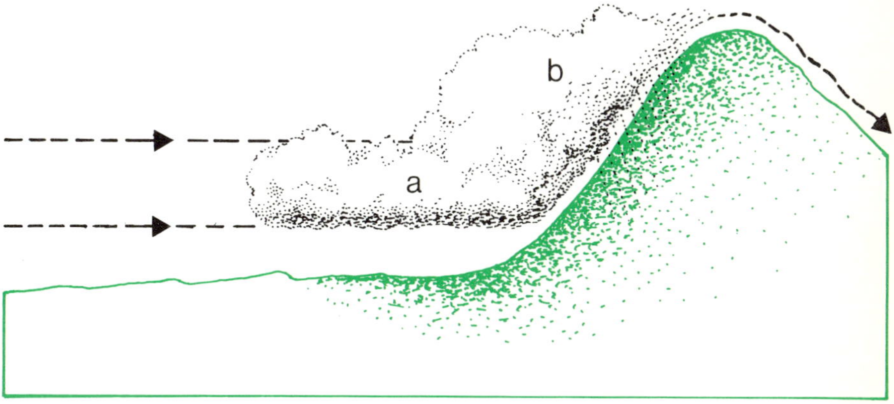

Bei niedrigem Luftdruck über Gebirgszügen steigt die Luft unter Abkühlung in Höhen, wo der Wasserdampf kondensiert und Wolken bildet (a). Die Luft steigt höher und erreicht ihren relativen Sättigungswert, wobei sie ihre Feuchtigkeit als Regen oder Schnee verliert (b).

erwärmt sich schneller als ein heller Kalkboden, und Torf ist meistens feuchter als Kalk. Das bedeutet, daß Torf immer wärmer ist als Kalk, weil das Wasser im Torf sich langsamer abkühlt als der Boden. Wenn wir einen beliebigen Boden mit dem Wasser eines Flusses oder Sees vergleichen, werden wir feststellen, daß beim Wasser die Temperaturschwankungen zwischen Tag und Nacht geringer sind als beim Boden, weil sich Wasser langsamer erwärmt und langsamer abkühlt.
Wenn sich Luft erwärmt, wird sie dünner und steigt nach oben. Zwischen Mittag und Sonnenuntergang steigen Luftströme bergan, nachts, wenn sie abkühlen, werden sie schwerer und streichen bergab.
Warme Luft kann mehr Feuchtigkeit speichern als kalte. Wenn warme Luft aufsteigt und abkühlt, verdichtet sich die darin enthaltene Feuchtigkeit und bildet Wolken. Aus diesem Grund sieht man an warmen Sommertagen oft Haufen von Kumuluswolken, und in den Bergen regnet es.
So folgen selbst leblose Dinge wie Wolken und Regen dem täglichen Ablauf.

Wolkenformen und Wetterkarten

a) Cirrus – hohe Wolken mit mehr oder weniger dichten Köpfen, die in abfallenden Streifen oder Schwänzen auslaufen.
b) Cirrocumulus – sehr hohe Wolken, die den gesprenkelten «Schäfchenhimmel» bilden.
c) Cirrostratus – formlose, schleierartige Schichtwolken in großen Höhen, die manchmal den ganzen Himmel bedecken.
d) Altostratus – graue Schichtwolken in mittleren Höhen, verbunden mit einer «wäßrigen» Sonne.
e) Altocumulus – mittelhohe Haufenwolken, nicht so hoch wie Cirrocumulus, sonst aber ähnlich.
f) Stratus – niedrige und sehr niedrig hängende formlose Schichtwolken im Bergland und an Küsten.
g) Cumulo nimbus – typische, sich auftürmende Gewitterwolken, die bis in Cirrus-Höhen reichen können.

In der abgebildeten Wetterkarte sind zwei Fronten zu erkennen – eine Warmfront (rechts) und eine Kaltfront (links). Eine Warmfront entsteht, wenn Warmluft auf ruhende Kaltluftmassen aufgleitet; eine Kaltfront bildet sich, wenn schneller vorrückende Kaltluft warme Luftmassen anhebt und nach oben drückt. Tiefs entstehen durch Einbrüche von Kaltluft in Warmluftströme, wobei Warmluft eingeschlossen wird. Dabei fällt der Luftdruck, und es entstehen Wirbelwinde. Die Kaltfront bewegt sich schneller als die Warmfront, überholt diese, und dabei verwirbeln sich die Luftmassen (Okklusion, links oben im Bild). Schließlich hat die Kaltluft alle Warmluft aus dem Tiefdruckgebiet verdrängt, und die Front kommt zum Stillstand.

Die Wiese bei Einbruch der Dunkelheit

Ich gehe ganz langsam, bleibe häufig stehen und mache Pausen, an Rainen und Hecken, einer Wiese entlang. Es ist ein wunderschöner Augustabend, und die rot untergehende Sonne verspricht einen kommenden heißen Tag. Ich befinde mich in Berkshire in Südengland. Was will ich hier? Ich suche nach einem Nest der Gemeinen Wespe *(Vespula vulgaris)*. Wespennester werden im Laufe des Sommers immer größer. Und besonders diese Wespenart wird, wo immer sie sich ansiedelt, zur Plage und zur Gefahr. Wer möchte schon gern gestochen werden? Die Königin, die einzige Wespe, die den Winter überlebt, baut ihr Nest im Frühjahr fast immer unter der Erde, indem sie Papier aus gekautem Holzbrei mit Hilfe ihrer kräftigen Mundwerkzeuge herstellt. Im August kann ein einziges Nest etwa 20 000 räuberische Wespen beherbergen. Wenn man bei Sonnenuntergang friedlich dahinwandert, bemerkt man oft einen unterbrochenen, doch stetigen Wespenstrom, der einer bestimmten Richtung folgt. Es sind Arbeiterinnen, die instinktiv bei Sonnenuntergang zu ihrem Nest zurückkehren. Anders als Vögel oder Säugetiere, können sie uns nicht irreführen. Wie alle Insekten haben Wespen keinen eigenen Willen und können nur starr ihrem Instinkt folgen. Wenn man jedoch auf ein Nest stößt, muß man vorsichtig sein (man sieht nur eine kleine Öffnung, wo die Wespen ein- und ausfliegen). Selbst wenn du sie nur beobachten willst, ist es möglich, daß sie dich anfliegen und stechen. Dennoch ist es der Mühe wert, in das Innere eines toten Nests einen Blick zu werfen. Die kugelförmige Nestwabe kann mehr als acht Zellenreihen besitzen, von denen jede Zelle mit einem dünnen Papierhäutchen ausgekleidet ist. Ich stehe erstaunt vor diesem unbegreiflichen Wunder des Wespenstaates, und ich bin mir auch bewußt, daß viele Schadinsekten von ihnen vertilgt werden.

Während ich so dahinwandere, treffe ich einen weiteren «Nachtarbeiter» – den Igel. Er eilt seines Weges dem Graben entlang, durch das Brombeergestrüpp, zwischen den Kälberkröpfen hindurch, immer auf der Suche nach Schnecken, Würmern und Käfern, die überwiegend nachtaktiv sind, weil sie die Kühle und die Feuchtigkeit lieben. Ich habe gute Lust, ihn mit nach Hause zu nehmen, denn ein Igel in der eigenen Hecke ist ein Geschenk des Himmels für jeden Gärtner. Ich lasse ihn jedoch in Ruhe. Zweifellos zieht er sein eigenes Quartier vor. Nur zum Spaß berühre ich ihn vorsichtig, um zu beobachten, wie er sich zusammenrollt. Seine Stacheln sind tatsächlich sehr spitz, und man muß schon vorsichtig sein, wenn man ihn mit bloßen Händen aufnehmen will. Auch ist er wie alle Igel unter seinen Stacheln voller Flöhe. Sie haben ihre Aufgabe. Weil er sich nicht selbst reinigen kann wie eine Katze oder ein Hase, halten die Flöhe das weiche Fell unter den Stacheln sauber. Wenn du einen Igel in eurem Garten findest, belästige ihn nicht mit zuviel Neugier. Kleine Tiere wie Mäuse, Maulwürfe, Kröten und Igel sind scheu und können, wenn sie laufend belästigt werden, eingehen.

Jetzt, nach Sonnenuntergang, sind noch mehr Tiere unterwegs. Ich erkenne flüchtig Fledermäuse, die sich lautlos gegen den fahlen Himmel abheben. Es sind Zwergfledermäuse, hier die häufigste Art, aber es gibt auch langohrige Fledermäuse in dieser Gegend, und ich halte nach ihnen Ausschau. Fledermäuse jagen in der Dunkelheit nach Motten oder anderen Insekten. Sie sind sehr intelligente, behende Flieger. Als eine einmal in einer Augustnacht in mein Schlafzimmer geflogen kam, schloß ich das Fenster, damit sie nicht entwischen konnte. Sie flog dreimal um den ganzen Raum – einmal in Bodennähe (auch unter dem Bett), dann auf halber Höhe und das dritte Mal in Deckenhöhe, ohne irgendwo anzustoßen. Nachdem sie sich vergewissert hatte, daß es keinen Ausweg gab, richtete sie sich auf dem Schrank zum Schlafen ein. Ich ließ sie später selbstverständlich wieder frei. (Fledermäuse haben auch Flöhe.) Wenn man noch jung ist, kann man ihre kurzen hohen Peillaute hören, wenn wir aber älter werden, ist unser Trommelfell nicht mehr so empfindlich. Ich werde wohl die Fledermäuse nie mehr hören.

Gerade habe ich das Wespennest gefunden und mich damit beschäftigt, da höre ich plötzlich einen Waldkauz ganz nahe auf einer Eiche. Der Ruf besteht aus zwei

Teilen, erst «hu-hu-hu», dann kommt eine Pause von etwa vier Sekunden und danach ein langanhaltendes «U-u-u-u-u». Man nimmt an, daß dieser Ruf so dumpf und hohl klingt, damit Mäuse und Ratten über den Standort des Vogels getäuscht werden. Vielleicht sollen sie aber auch erschreckt werden, damit sie sich unvorsichtig verhalten. Sonst wäre nicht einzusehen, warum er sich so deutlich ankündigt, wo er sich doch gewöhnlich völlig lautlos verhält. Einen Augenblick später sehe ich ihn über die Hecke fliegen, direkt durch die große Scheibe des aufgehenden Mondes.
Mein Heimweg führt mich an einem alten, dicken gelbblättrigen Stechpalmenbusch vorbei. Tief drinnen im Gewirr abgestorbener und frischer Blätter lebt trocken und geborgen eine Kolonie Feldgrillen *(Grillus campestris)*. Nach der Hitze des Tages kann ich sie in ihrem stachligen Unterschlupf zirpen hören. Ich wünsche ihnen Glück – Grillen wurden schon immer als Glücksbringer betrachtet.
Über die Gartenhecke weht ein starker Duft von Flox und Levkoje. Auf dem Tennisnetz, unmittelbar hinter dem Zaun, sitzt ein Schwärmer und legt Hunderte von Eiern. Das ist ein sonderbarer Platz zum Eierlegen. Wie auch immer – ich lasse ihn allein.
Der riesige Mond steht jetzt klar am Himmelszelt. Seine Farbe ist von Orange in Silber übergegangen. Sirius, der zum Sternbild des Hundes gehört, leuchtet zu dieser Jahreszeit ganz hell. Darum nennt man sie auch «Hundstage». Und Jupiter leuchtet so hell, daß sein Licht beinahe Schatten wirft. Eine entfernte Turmuhr schlägt neun, der Klang weht schwach von der Stadt herauf. Kann eine Nacht schöner sein?

Erklärungen zur nächsten Doppelseite

Pflanzen

1 Lorbeer-Weide, 2 Bruch-Weide, 3 Schwarz-Erle, 4 Hänge-Birke, 5 Eiche, 6 Weiße Seerose, 7 Sumpf-Dotterblume, 8 Gemeines Schilf, 9 Wasser-Hahnenfuß, 10 Ufer-Zaunwinde, 11 Hunds-Rose, 12 Gemeiner Efeu, 13 Echte Brunnenkresse

Tiere

14 Wasserspitzmaus, 15 Igel, 16 Fledermäuse, 17 Mauersegler, 18 Tafelente, 19 Rotschenkel, 20 Waldkauz, 21 Steinkauz, 22 Grasfrosch, 23 *Chrysopa vulgaris*, 24 *Philandora sericalis*, 25 *Agris convolvuli*, 26 Pappel-Schwärmer

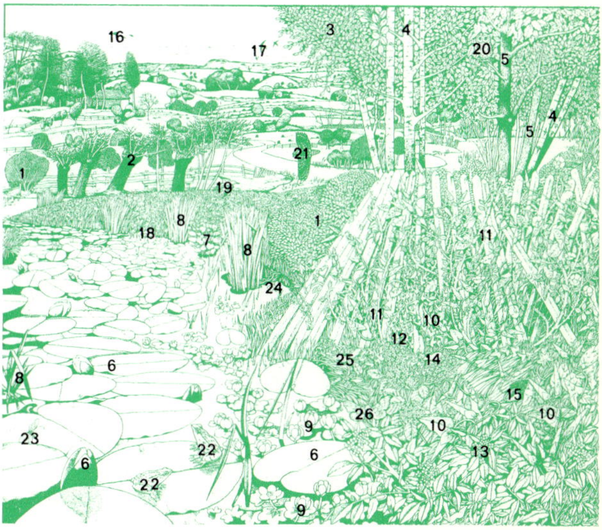

Nächtliches Leben

Wenn es Abend wird, sinkt die Temperatur von Luft und Boden, der Feuchtigkeitsgehalt der Luft steigt jedoch an. Der Wechsel von Temperatur und Feuchtigkeit der Luft ist am ausgeprägtesten unmittelbar über dem Gras. Tief unten zwischen den Grasbüscheln ist die Luft immer noch ziemlich warm und feucht. Insekten werden bei schwindendem Tageslicht aktiv. Asseln und Käfer fangen an, in den Grasbüscheln herumzukriechen, Grillen beginnen zu zirpen, und wenn die Feuchtigkeit steigt, werden die Abenddüfte in die feuchte Luft getragen. Motten tauchen auf, Mücken schwärmen, und Fledermäuse sind auf der Jagd nach ihrer nächtlichen Futterration. Die Blüten der Wiesengräser öffnen sich. Zuerst, am späten Nachmittag, der Wiesenschwingel, dann die Quecke und der Schafschwingel; später das Wiesen-Rispengras. Mäuse und Ratten suchen im Gras nach Nahrung, und der Waldkauz taucht auf, um sie zu erbeuten. Schnecken und Wegschnecken erscheinen, und der Igel macht Jagd auf sie.

Wodurch werden all diese Aktivitäten ausgelöst? Ist es Licht, Wärme, Feuchtigkeit oder ist es die «innere Uhr»; gibt es vielleicht einen ganz anderen Grund, der mit all dem nichts zu tun hat?

Manchmal ist die Antwort klar: Schnecken und viele Insekten würden tagsüber zu viel Feuchtigkeit verlieren. Sie brauchen für ihre Aktivitäten kein Tageslicht, sondern können sie auch bei Nacht ausführen, wenn die Luft feucht ist und sie nicht Gefahr laufen, auszutrocknen. Aber warum wagen sich Mäuse, Ratten und Spitzmäuse am Abend heraus, wenn sie riskieren, von Eulen geschlagen zu werden? Warum ist der Igel nachts unterwegs?

Das sind alles Tiere, die einen guten Gesichtssinn besitzen, und man möchte annehmen, daß sie ihre Aktivitäten besser bei Tag ausführen können. Warum haben sich diese Lebewesen dann dafür entschieden, ihren scheinbaren natürlichen Vorteil aufzugeben?

Für Igel und Spitzmäuse könnte das vermehrte Vorkommen von Schnecken und Insekten ausschlaggebend sein. Hier finden sie ein reichliches Nahrungsangebot, das von anderen Räubern nicht genutzt wurde. Doch wie sieht es bei der pflanzenfressenden Maus aus? Pflanzen gibt es bei Tag und Nacht; die Maus kann gut sehen, ist in der Lage, ihre Körpertemperatur zu regulieren, und verliert in der Sonnenwärme keine Feuchtigkeit wie etwa eine Assel. Vielleicht ist für sie der Turmfalke bei Tag gefährlicher als die Eule bei Nacht.

Wiesen sind immer belebt, am Tag wie bei Nacht. Die Gräser tragen ihre Blüten hoch erhoben, damit der Wind die Pollen forttragen kann. Unten aber, um ihre Wurzeln, herrscht ein reges Leben. a) Schnecken und Wegschnecken, b) Asseln, c) Schwarzkäfer, d) Grillen, e) Hundertfüßler, f) Doppelfüßler, g) Regenwürmer, h) Ohrwürmer

Gräser (von links nach rechts)
Die Trespe *(Bromus commutatus)* öffnet ihre Blüten morgens und abends,
die Gemeine Quecke *(Agropyron repens)* am späten Nachmittag,
der Schafschwingel *(Festuca ovina)* am Nachmittag und am Abend,
das Wiesen-Rispengras *(Poa pratensis)* des Nachts. Alle Gräser werden vom Wind bestäubt.

a
b
c
d
e
f
g
h

Leuchtfähigkeit in der Natur

Manche Pilze, wie der Hallimasch *(Armillaria mellea)* und der Eichen-Zwergknäueling *(Panellus stipticus)*, leuchten schwach auf dem verrotteten Holz, das sie besiedeln. Man kann sie gewöhnlich auf faulender Rinde finden. Das Leuchten des Hallimasch sieht man nur, wenn es ganz dunkel ist. Bei Insekten wie den Glühwürmchen kann man dieses Leuchten besser sehen.

Glühwürmchen: das beflügelte Männchen (links) und das flügellose Weibchen.

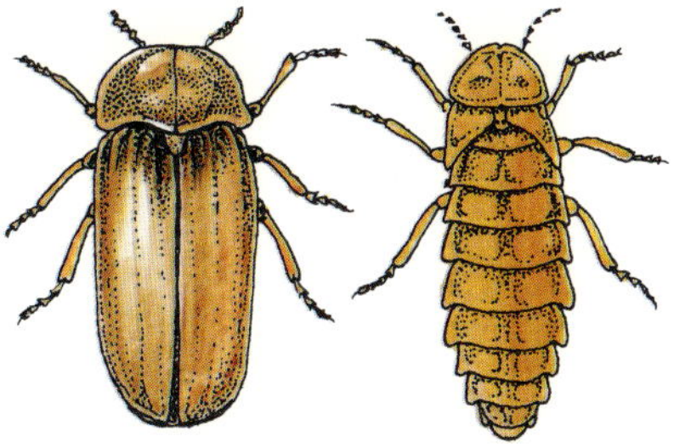

Das Glühwürmchen-Weibchen leuchtet viel stärker als das Männchen, wahrscheinlich, um das Männchen anzulocken.

Glühwürmchen ernähren sich von Schnecken. Oben «impft» ein Weibchen eine Schnecke mit einer Flüssigkeit, die das Innere der Schnecke zersetzt, damit das Glühwürmchen dann den Inhalt aussaugen kann.

In den westlichen Tropen gibt es Leuchtkäfer, die noch stärker leuchten als Glühwürmchen. Es ist bekannt, daß ganze Bäume von ihnen erleuchtet werden.

Leuchtkäfer fliegen nach einem unberechenbaren Wellenmuster, das den Abendhimmel mit Lichtbändern durchzieht.

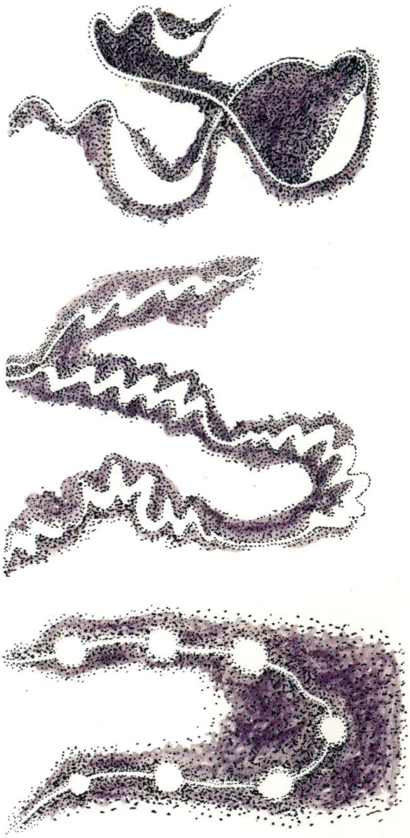

Der Nachthimmel

Ich bin immer wieder erstaunt, daß die meisten Leute den Sternen so wenig Aufmerksamkeit widmen. Fast nie ist jemand, der sich für Vögel, wilde Blumen oder die Meeresküste begeistert, in der Lage, irgendein Sternbild zu erkennen, außer dem Großen Bären und vielleicht noch dem Orion. Auch der Wunsch, dies zu ändern, ist meist nicht vorhanden. Es kann viel Spaß machen, die Hauptsternbilder zu bestimmen – selbst ohne große Astronomiekenntnisse. Wie bei jedem Hobby hängt die Befriedigung vom Einsatz ab. Schafft man sich eine Sternenkarte an und prägt sich ein paar Namen ein, so ist dann die bloße Übung dieses Wissens schon erfreulich. Den schwachen Polarstern zu suchen, indem man die beiden Sterne am Ende des Wagen-Kastens verbindet und diese Linie verlängert, den klaren Nachthimmel nach den helleren Sternen abzusuchen, z.B. Algol im Perseus, Arkturus im Bootes, Wega im Sternbild der Leier usw., oder zum tausendsten Mal zu versuchen, die sieben Sterne der Plejaden zusammenzubringen (ich nehme an, daß es sieben sein müssen, wie man behauptet, ich kann aber mit dem bloßen Auge nie mehr als sechs entdekken) – all das ist erfreulich und befriedigend. Wenn man einmal frierend das Glitzern des Orion in einer kalten Winternacht aufs Korn genommen hat – Schwert, Gürtel, Rigel und Beteigeuze –, wird man sich immer wieder daran erinnern. Er wird so Teil deines selbstverständlichen Wissens wie Schneeglöckchen und Löwenzahn. Als ich einmal einem arabischen Freund die Sterne des Orion erklärte, sagte er mir (wobei er sich das Lachen nicht verbeißen konnte), daß im Arabischen «Rigel» (er sprach es «Rijjel» aus) «Zehe» heißt. Die zivilisierten Orientalen des Mittelalters benannten die Sterne, lange bevor wir in Europa viel über Astronomie wußten, und die Kreuzritter und frühen Scholaren übernahmen die arabischen Bezeichnungen, die wir heute noch gebrauchen.

Verwechsele Astronomie nicht mit Astrologie! Sie ist verderblicher Unsinn, eine Beleidigung der Würde und Schönheit der Sterne (ähnlich wie das Dressieren von Tieren). Trotzdem muß ich zugeben, daß astrologische Sternzeichen auch ganz interessant sein können. Die frühen Astrologen brauchten Bezeichnungen für jene Sterngruppen, welche von der Sonne im Laufe der zwölf Monate des Jahres durchwandert werden. Nur fünf der astrologischen Sternbilder sind wirklich auffällig sichtbar und schön, die anderen bleiben ziemlich unklar. Tatsächlich kann man den Krebs kaum sehen, bei Widder und Fisch ist es nicht viel besser, aber Stier, Zwilling und Skorpion sieht man wunderschön, und der Löwe mit seinem Hauptstern Regulus ist mein eigenes Lieblingssternbild. Viele der astrologischen Sternbilder sehen ihrem Namen nicht sehr ähnlich, nur der Skorpion hat andeutungsweise die Gestalt eines Skorpions. In den geographischen Breiten der Britischen Inseln steigt der Skorpion im Hochsommer nur wenig über den südwestlichen Horizont, und ich habe lange geglaubt, es sei der Hauptstern Antares, der trübrot funkelte. Diese Trübheit rührt daher, daß Antares erst die Sommerhitze und den Dunst des Himmels durchbrechen muß, bevor er in England zu sehen ist. Es war für mich fast ein Schock, als ich in der Südsee den Skorpion am Himmel erkannte, mit Antares, der silbern fast so hell wie Jupiter glänzte.

Wenn man den Mond durch ein Fernglas betrachtet, erkennt man, daß er rund ist, eine Kugel im All mit beängstigend öden Tälern und Hügeln. Man kann sich die monatlichen Kolumnen über den Sternenhimmel in einer Tageszeitung ausschneiden und die Erscheinungen suchen, die darin angekündigt werden – Planeten, Meteore und vieles andere. Das alles ist aufregend und spannend und genauso ein Teil der Natur wie Steine, Vögel und Blumen. Falls man Lust dazu hat, kann man sich natürlich auch in Supernova, Rote Zwerge, Schwarze Löcher und anderes vertiefen. Auf jeden Fall ist dies ein sehr wichtiger Zweig menschlicher Studien, wo aufregende Fortschritte gemacht wurden. Einige wirklich bahnbrechende Entdeckungen werden sicherlich noch vor Ende dieses Jahrhunderts stattfinden. Damit möchte ich sagen, daß das Wissen um die Sterne unser Leben um eine Freude bereichern kann. Und noch mehr als das. Während des Krieges, als ich mein Heim, meine Lieben und alles, was mir vertraut war, verlassen und als Soldat ein fremdes Leben unter Fremden führen mußte, erschien es mir oft, daß weder die Vögel noch die Blumen, noch die Jahreszeiten die gleichen geblieben waren. Nur die Sterne waren die selben, und das war eine Quelle des Trostes.

Erklärungen zur nächsten Doppelseite

Sterne und Planeten

1 Nördliche Krone, 2 Herkules, 3 Leier, 4 Schwan, 5 Drache, 6 Kleiner Bär, 7 Großer Bär, 8 Kepheus, 9 Kassiopeia, 10 Dreieck, 11 Perseus, 12 Plejaden, 13 Bootes, 14 Mars

Wolken

15 Altostratus halo, 16 Altocumulus

Pflanzen

17 Quecke, 18 Zierliches Schillergras, 19 *Asplenum marinum*

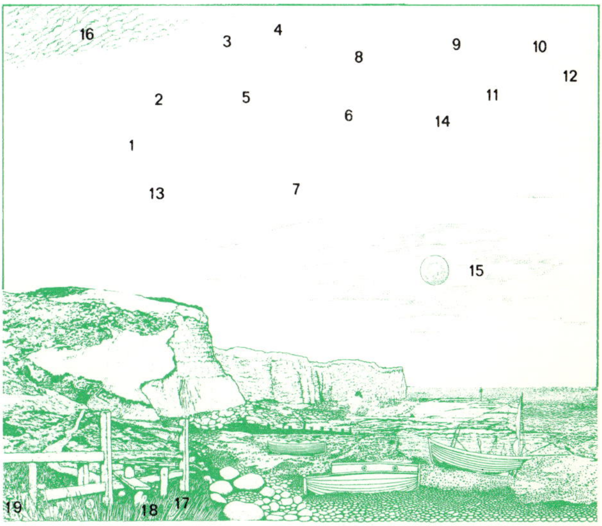

Orientierung bei Tieren

Flohkrebse, die mit Krabben und Garnelen verwandt sind, findet man im Meer in allen Tiefen und auch am Strand. Eine Art heißt *Talitrus saltator*. Wenn man sie auf das trockene Vordünengelände verfrachtet, strebt sie wieder zum Küstensaum zurück. Dabei richtet sie sich aber nicht nach dem Geräusch der Wellen oder nach dem Gefühl von Feuchtigkeit, denn wenn man sie an einen anderen Küstenstreifen der Bucht gegenüber versetzt, wendet sie sich dem Binnenland zu – mit anderen Worten: sie orientiert sich nach einer Kompaß-Peilung und nicht nach dem Rauschen der Brandung.

Es scheint, als würde dieses Tier vom Sonnenstand gesteuert. Da die Sonne jedoch nicht den ganzen Tag an der selben Stelle stehen bleibt, muß *Talitrus* eine innere Uhr besitzen, die anzeigt, in welcher Richtung es sich bewegen muß.

Was geschieht aber, wenn der Himmel bewölkt ist? Für Insekten ist dies kein Hindernis, weil sie mit ihren sehr lichtempfindlichen Augen auch auf Licht reagieren, welches wir nur mit Spezialinstrumenten registrieren können. Es ist in der Atmosphäre gefiltertes Licht. Der Einfallswinkel verändert sich mit dem Sonnenstand. So können sich Insekten selbst bei bedecktem Himmel mit Hilfe von polarisiertem Licht orientieren.

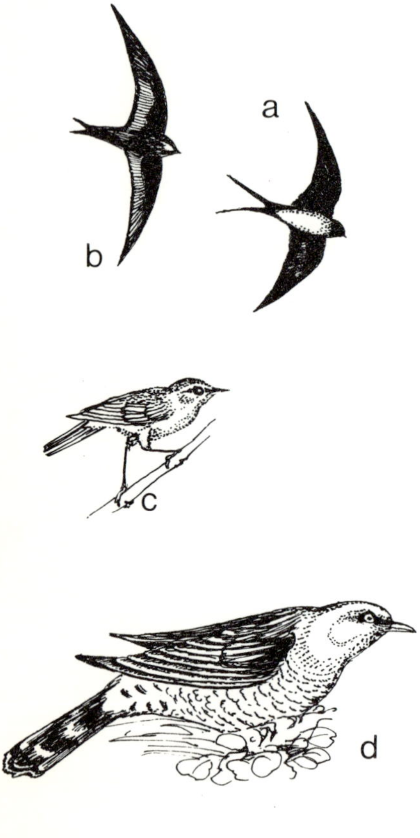

Im Frühling und im Frühsommer sind unzählige insektenfressende Vögel auf dem Zug von Afrika und dem Mittelmeerraum nach Norden, um dort das reichliche Nahrungsangebot auszunutzen. Einige wohlbekannte Zugvögel sind: Mauersegler (a), Rauchschwalbe (b), Teichrohrsänger (c) und Kuckuck (d).

Wie ist das aber bei Nacht? Vögel vollbringen die erstaunlichsten Orientierungsleistungen. Sogar sehr kleine Vögel wie Schwalben halten über enorme Entfernungen genau ihren Kurs und gelangen über Tausende von Kilometern zielsicher in ihr Überwinterungsgebiet. Aber Schwalben fliegen bei Tag. Durch Radar-Beobachtungen wissen wir, daß eine große Anzahl kleiner Vögel auch bei Nacht zieht. Sie haben irgendwie ein inneres Gespür für die richtige Richtung. Wie sie das machen, ist immer noch nicht ganz geklärt. Möglicherweise orientieren sie sich sowohl nach der Sonne als auch nach Sternen und erdmagnetischen Feldern. Aber Sonne und Sterne bewegen sich in ihrer Lage zur Erde, nur der Polarstern am nördlichen Himmel steht still. Deshalb müssen Vögel eine innere Uhr haben, um diese Bewegungen ausgleichen zu können. Es ist denkbar und möglich, daß Vögel, die nachts ziehen, sich an den Polarstern halten. Stockenten (Wildenten) halten Tag und Nacht einen geraden Kurs. Bei Tag orientieren sie sich mit Hilfe ihrer inneren Uhr am Sonnenstand, und bei Nacht halten sie stetig ihren Kurs. Es scheint, daß die Stockente bei Nacht sich letztlich nach dem Polarstern richtet.

Andere Vögel, die im rauhen Klima des Nordens leben, ziehen im Winter weiter südlich. Zum Beispiel die Wacholderdrosseln (a), die Ringelgänse (b) und die Graugänse (c). Obwohl Ringeltauben in England Standvögel sind, unternehmen sie gelegentlich Winterzüge auf den europäischen Kontinent von Schweden bis zu den Pyrenäen.

a

b

c

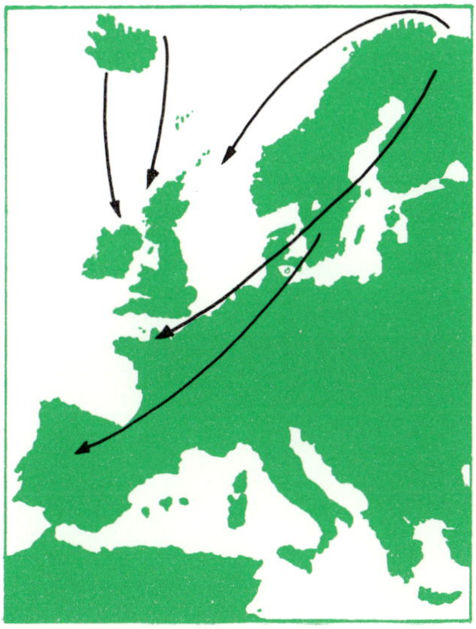

Sterne und Sternbilder

Die bekannten Sterne, die so beruhigende Wirkung auf den Menschen haben, sind von unschätzbarem Wert für den Vogelzug. Selbst in klaren Nächten kann man immer nur einen Teil des Himmels sehen. Den Polarstern erkennt man am nördlichen Himmel, das Kreuz des Südens nur am südlichen. Einige Sternbilder, wie z.B. der Orion, liegen tief am Horizont des nördlichen Himmels, man kann ihn aber auch im Norden des südlichen Himmels erkennen.

Wissenschaftler haben die Sterne in unterschiedliche Größenklassen eingeteilt, wie wir sie auf unserer Himmelskarte eingezeichnet haben.

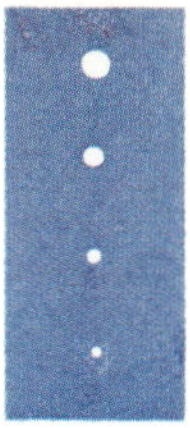

Größenklasse 1

Größenklasse 2

Größenklasse 3

Größenklasse 4

Die Milchstraße, die als heller Streifen erscheint, wird von Millionen Sternen gebildet.

Gruppen von Sternen nennt man Sternbilder. Im Altertum hat man vielen Sternbildern phantasievolle Namen gegeben. Die bekanntesten im nördlichen Himmel sind: Kassiopeia, Kepheus, Schwan, Pegasus, Großer Bär, Kleiner Bär; am südlichen Himmel: Großer Hund, Zentaur, Kreuz des Südens und Orion.

Das Moor bei Tag

Von allen Landschaften der Britischen Inseln sind nach meiner Meinung die Moore am eigenartigsten. So wie sich die Wüsten der Welt voneinander unterscheiden (die Wüste Sinai ist anders als die Kalahari), so gleicht das Bodmin-Moor nicht den Mooren in Yorkshire, und sie sind wieder anders als der Lake-Distrikt und das Schottische Hochland. Dann gibt es noch die kleineren Moore – verheidete Restbestände, verstreut über Südengland, wie die um Newbury in Berkshire, die ich zufällig gut kenne – Greenham Common, Newtown Common und Snelsmoor. Obwohl jedes seine eigene Charakteristik und seine Besonderheiten hat, haben sie doch viele Pflanzen- und Vogelarten gemeinsam.

Ich befinde mich in einem hochgelegenen, einsamen Moor im Süden der Insel Man. Es ist Mittag an einem heißen Augusttag. Aus der Entfernung sehen die baumlosen Hügel herrlich gefärbt aus. Das Heidekraut läßt sie rot erglühen. Es ist die sogenannte Graue Glockenheide *(Erica cinerea)*, die schönste und leuchtendste Art. Aber selbst in diesem Moor (von dem aus ich den Irischen Kanal sehen kann, der so blau ist wie der Himmel über ihm) kann man mehrere Heidearten finden. Das Gemeine Heidekraut *(Calluna vulgaris)* sieht aus wie ein Bürstchen mit kleineren, blasseren Blüten als die Graue Glockenheide und winzigen immergrünen Blättern. Die Gemeine Glockenheide *(Erica tetralix)* zieht einen sumpfigen, torfigen Standort vor. Sie ist sehr auffällig mit ihren kopfig-doldigen Blütenständen. Die einzelnen Blüten sind krugförmig und stehen gebüschelt am Ende der Stiele. Wenn man Glück hat, kann man auch da und dort weißes Heidekraut finden (es ist keine eigene Art, sondern eine Abnormität wie eine weiße Amsel). Meistens sieht man kleine Blüten oder einzelne Pflanzen zwischen der gewöhnlichen Heide. (Die «weiße Heide», die von Zigeunern und anderen Leuten feilgeboten wird, ist fast immer Gemeines Heidekraut; die richtige weiße Heide ist viel zu selten.) Heidelbeeren *(Vaccinium myrtillus)* wachsen dicht in diesem Moor, aber für die köstlichen Beeren ist es jetzt schon zu spät. Sie reifen an den niedrigen grünen Halbsträuchern im Juni oder Juli nach dem Abblühen der rosaroten wachsartigen, kugeligen Blütchen.

Es gibt hier mehrere fremdartige und schöne Moorblumen. Ich liebe ganz besonders den Sonnentau *(Droseraceae)*, den Insektenfänger, der mit seinen langen, drüsenhaarigen Rosettenblättern kleine Fliegen anzieht, ähnlich wie ein Leimfliegenfänger. Wenn sich eine Fliege in dem klebrigen Blatt verfangen hat, schließt es sich langsam über ihr, und die Pflanze saugt sie als Nahrung auf. Die kleinen weißen Blüten stehen auf langen Stengeln, die aus der Rosette hervorwachsen. Dann gibt es noch Sumpfläusekraut und Waldläusekraut, die hübscher aussehen, als es ihr Name verspricht. Die rosa und karmesinroten Blumen sind zwischen Mai und September in Mooren häufig zu finden. Wenn es Mai wäre und wir uns in einem der irischen Moore aufhalten würden, könnten wir vielleicht *Erica hibernica* finden; wären wir aber im Juli in Schottland, würden wir nach dem Niederliegenden Felsenröschen mit seinen ledrigen Blättern und tiefrosa Blüten Ausschau halten. An bestimmten Stellen kann man auch Preiselbeeren finden. Man muß sich nur gut auskennen. Dieses Moor hier hat neben dem Pflanzenreichtum auch noch den Vorteil, nahe am Meer zu liegen.

Und die Vögel? Besonders im Moor ist es von Vorteil, ein Fernglas zu besitzen, denn die Vögel können dich schon aus großer Entfernung sehen. Welche Vögel habe ich heute gesehen? Hänfling, Berghänfling und Goldammer, wie man erwarten kann, Saatkrähe, Nebelkrähe und Dohle. Es ist nützlich, wenn man die letzten drei nicht nur an ihrer Färbung unterscheiden kann, sondern auch an ihrem Verhalten, weil man Vögel oft nur im Gegenlicht sieht. Die Kunst der Vogelbestimmung liegt vor allem darin, darauf zu achten, wo man den Vogel sah, was er tat, wie er sich benahm und flog und wie viele Exemplare es waren. Ich hatte Glück und sah einen großen «bärtigen» Kolkraben und auch eine Elster, welche dasaß, ihren langen Schwanz aufstellte und davonflog, wobei ich ihre Schwarzweißzeichnung sehr schön sehen konnte. Was mir jedoch am besten gefiel, war das Braunkehlchen. Es wird auf seiner Reise gegen Süden gewesen sein – «auf dem Durchzug» heißt das. Es ist ein brauner Vogel, etwa so groß wie der Buchfink, mit einem weißen Augenstreif, einem schmalen weißen Kragen, gelblicher Kehle und Brust. Es sitzt sehr aufrecht, fast immer auf den Spitzen von langen Pflanzenstengeln oder Felsen; man kann es im typischen Jagdflug über Gräser, Pfosten, Leitungsdrähte flattern sehen. Sein Verwandter, das Schwarzkehlchen, zeigt ein ähnliches Verhalten, unterscheidet sich aber durch seinen auffallend schwarzen Kopf. Ich scheuchte auch ein Birkhuhn (auch Spielhahn oder Schildhahn genannt) auf. Es hat einen leierförmigen Schwanz und scharlachrote «Rosen» über den Augen. Es schoß wie eine Rakete durch das Moor davon.

Es ist sehr heiß, Heide und Ginster duften betörend.

Erklärungen zur nächsten Doppelseite

Pflanzen

1 Europäischer Beinbrech, 2 Sumpf-Veilchen, 3 Torfbeere, 4 Niederliegendes Felsenröschen, 5 Sumpf-Läusekraut, 6 Polei-Rosmarinheide, 7 Wald-Läusekraut, 8 Felsen-Labkraut, 9 Gemeines Heidekraut, 10 Graue Glockenheide, 11 Gemeine Glockenheide, 12 Blaues Pfeifengras, 13 Schwarze Krähenbeere, 14 Heidelbeere, 15 Stechginster

Tiere

16 Schneehase,
17 Wildkaninchen,
18 Mauswiesel,
19 Großer Brachvogel,
20 Alpenschneehuhn,
21 Moorschneehuhn,
22 Mäusebussard,
23 Turmfalke, 24 Mauersegler,
25 Ringdrossel, 26 Kolkrabe,
27 Berghänfling,
28 *Eumenis semele,*
29 Brombeerfalter

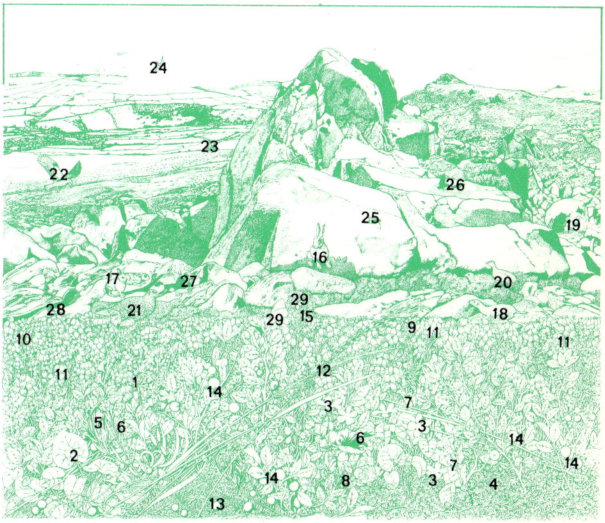

Blätter und Sonnenlicht

Auf den ersten Blick erscheinen Moor und Heide nicht unähnlich. Es gibt dort viele gleiche Pflanzenarten: Farnkraut, Heide, Wollgras, Seggen und Gräser wie Steifes Borstgras und Schmiele. Einen großen Unterschied gibt es jedoch: Moore sind feucht, und Heiden sind trocken, obwohl man hier auch sumpfige Stellen finden kann. Die Pflanzen in diesen beiden Landschaftstypen sind weitgehend in der Lage, ihren Wasserverlust zu verhindern. Dank ihrem Aufbau können sie mit einem harten, trockenen Standort fertig werden.
Pflanzen haben verschiedene Techniken entwickelt, um das Austrocknen bei Mittagshitze zu vermeiden. Sie können ihre Blätter und ihre Größe auf ein Minimum verkleinern, so daß nur ein kleiner Teil ihrer Oberfläche der Sonne ausgesetzt ist. Das heißt, sie verlieren weniger Wasser. Erinnere dich an die Blätter von Heidekraut, Heidelbeere und an die Stechginster-Arten. Sie sind alle klein bis winzig mit einer zähen, ledrigen Oberfläche. Eine andere Möglichkeit, mit der sich Pflanzen gegen Austrocknung schützen können, ist die Erweiterung ihrer unterirdischen Organe – ihrer Wurzeln –, wodurch sie in die Lage versetzt werden, eine möglichst große Feuchtigkeitsmenge aus dem Boden aufzunehmen. Das ist bei vielen Heidegräsern der Fall: z.B. beim Schafschwingel.

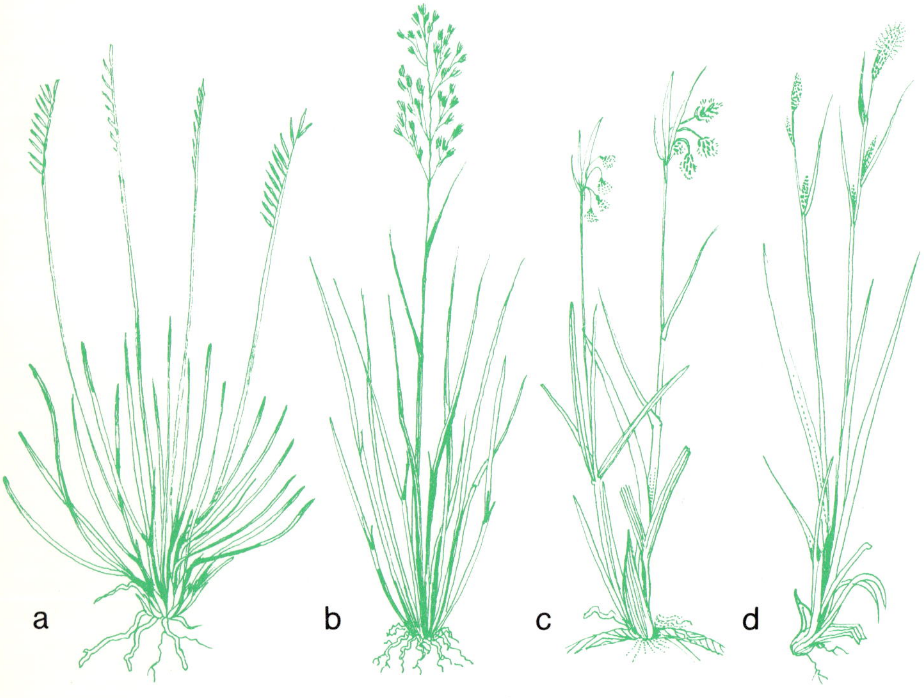

Bekannte Gräser, die in Mooren heimisch sind: a) Steifes Borstgras *(Nardus stricta)* ist weitverbreitet, weil selbst Schafe die harten Blätter verschmähen. Die Schmielen (*Deschampsia* spp.) (b) gedeihen gewöhnlich auf feuchten Standorten. Wollgräser (*Eriophorum* spp.) (c) fallen in Sumpflandschaften sehr auf, wo ihre silbrigen Blütenstände weiße Flächen ins Moor malen. Die Seggen (d), zu denen auch das Wollgras gehört, unterscheiden sich in manchen Hinsichten von Gräsern, besonders weil sie massive, statt hohle Stengel haben.

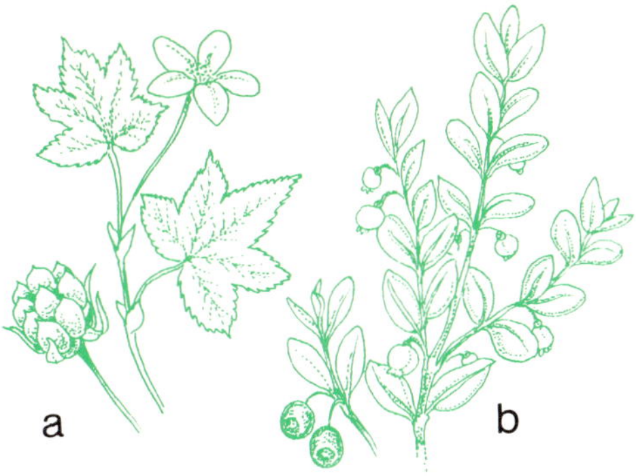

Moor- und Heidepflanzen sind von niedrigem Wuchs und haben oft kleine, zähe, lederartige Blätter. Dadurch wird ein hoher Wasserverlust bei der Verdunstung vermieden. Die hier abgebildeten Pflanzen treten oft sehr zahlreich auf. Die Torfbeere *(Rubus chamaemorus)* (a) hat wie die niedrig wachsende Brombeere nur wenige orange oder rote Früchte. Die Heidelbeere *(Vaccinium myrtillus)* (b) trifft man in Mooren wie auch in Wäldern an. Ihre Früchte schmecken köstlich. Heidekraut *(Calluna vulgaris)* (c) liebt trockenen Boden. Gemeiner Besenginster *(Sarothamnus scoparius)* (d) und Stechginster (*Ulex* spp.) (e) schmücken das Moor im Sommer mit ihren goldgelben Blüten.

Wie schon erwähnt, sind die Blattoberflächen häufig ledrig und wachsartig. Dies verzögert die Verdunstung. Manche Pflanzen können sogar ihre Blätter einrollen, um den Verlust an Feuchtigkeit herabzusetzen. Das ist bei verschiedenen Gräsern der Fall. Sie haben vorwiegend an der Blattunterseite kleine Spaltöffnungen (genannt: Stomata). Über sie wird der Gasaustausch der Pflanzen getätigt. Wenn ein solches Blatt sich einrollt, werden diese Spaltöffnungen verdeckt und dadurch die Feuchtigkeit gehalten.

Andere Pflanzen können ihre Blätter der direkten Sonneneinstrahlung entziehen. Wieder andere besitzen Gewebe, die leicht Wasser verlieren, so daß sie sich nicht mehr aufrecht halten können und erschlaffen. Wenn die Luftfeuchtigkeit hoch ist, füllen sich diese Gewebe wieder mit Wasser, und das Blatt richtet sich wieder auf. Blattbewegungen kann man gut bei Gartenbohnen beobachten. Diese Pflanze hält ihre Blätter tagsüber aufrecht und läßt sie bei Nacht hängen. Diese Bohnen scheinen eine «innere Uhr» zu besitzen, weil sie ihre Blätter auch aufrichten und senken, wenn sie künstlich in dauernder Helligkeit oder Dunkelheit gehalten werden.

Spinnen und ihre Netze

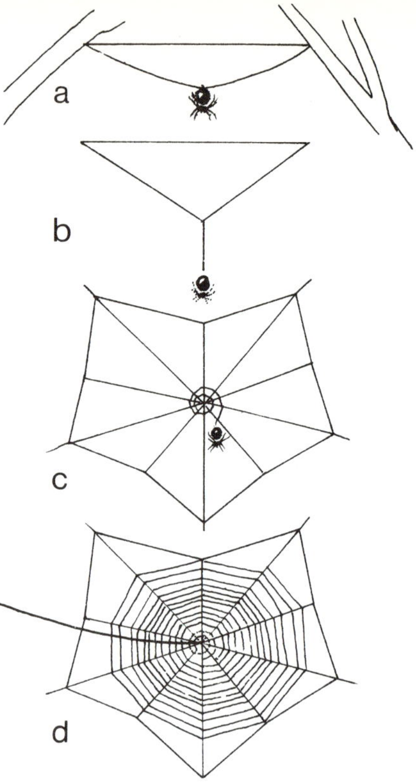

Spinnen fertigen ihre Netze und fangen ihre Beute mit verschiedenen trickreichen Methoden.

Die Kreuzspinne *(Araneus diadematus)* spinnt ihr hübsches symmetrisches Netz, um Fluginsekten einzufangen.

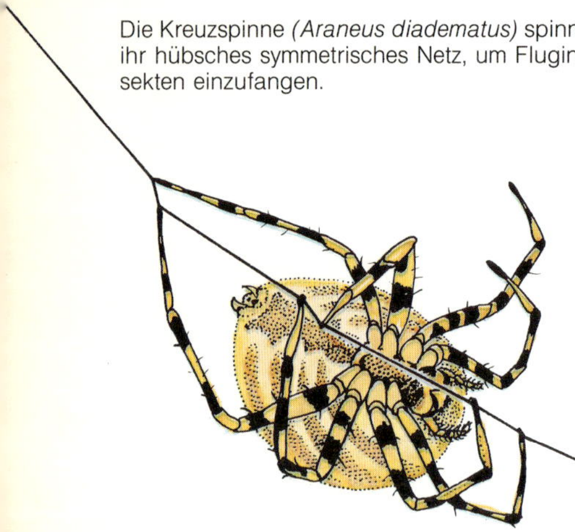

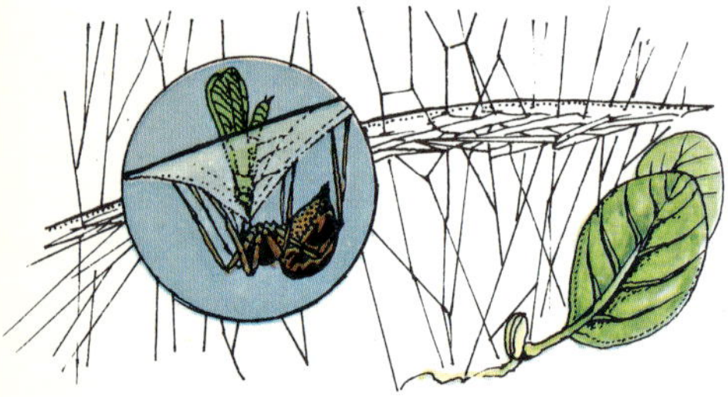

Die Baldachinspinne baut einen «Fangteppich». Man sieht sie hier mit einer darin verstrickten Fliege.

Die Abbildung oben zeigt, wie die Kreuzspinne ihr Netz webt.

a) Zuerst wird ein Faden zwischen zwei Zweigen gezogen, der vom Wind getragen wird.
b) Die Spinne seilt sich aus der Mitte ab und stellt eine dritte Verbindung zu einem Zweig oder einem Blatt her.
c) Weitere Speichen werden gezogen, und die ersten Spiralwindungen werden vom Zentrum aus gemacht.
d) Endlich wird ein Fangfaden gezogen, der zum Insektenfang dient.

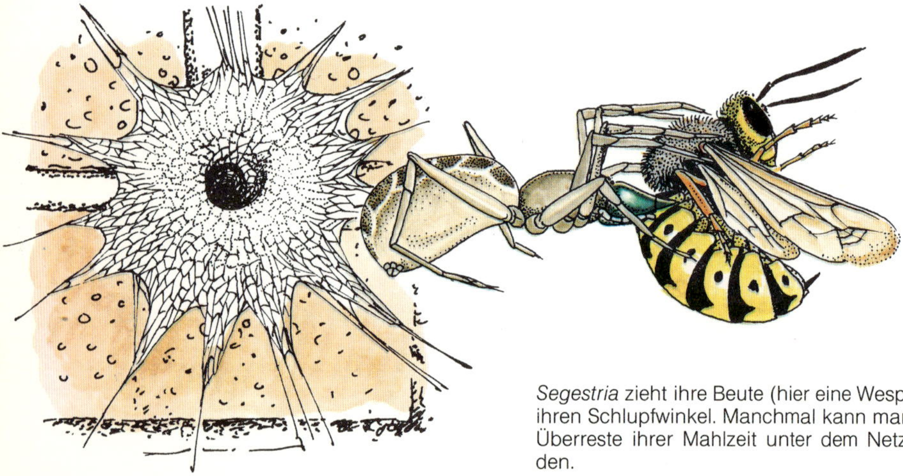

Segestria zieht ihre Beute (hier eine Wespe) in ihren Schlupfwinkel. Manchmal kann man die Überreste ihrer Mahlzeit unter dem Netz finden.

Die Krabbenspinne *(Thomisus),* hier auf einer Schwarzen Königskerze, ist durch ihre Farbe getarnt. Sie stürzt sich gerade auf eine Schwebfliege.

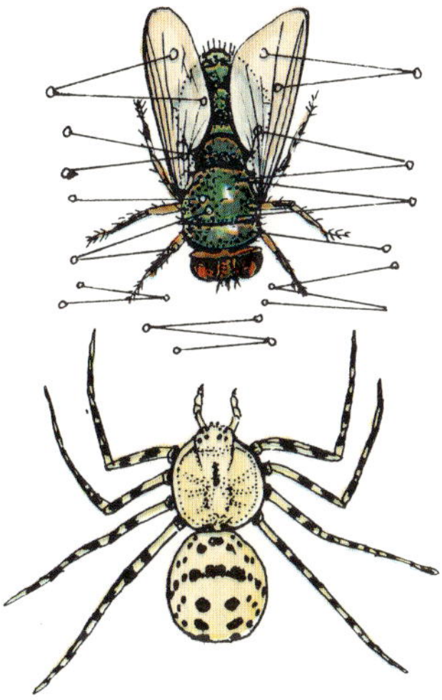

Scytodes, eine Speispinne, «schießt» einen zähflüssigen Zickzackfaden über die Beute und bewahrt sie, so eingewickelt, für spätere Verwendung auf.

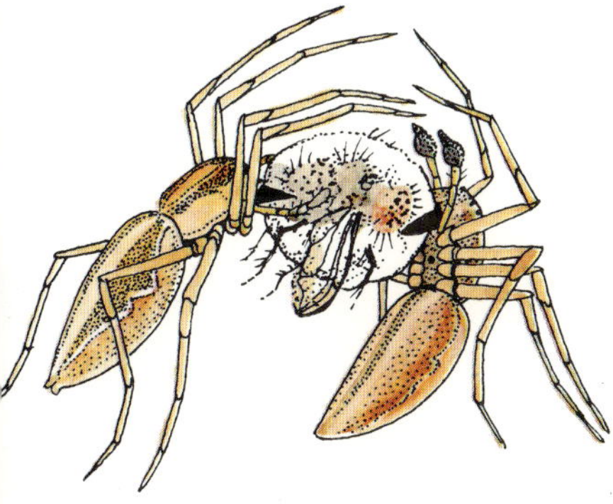

Eine Raubspinne, *Pisaura,* mit einer zur Kugel versponnenen Fliege als Brautgeschenk.

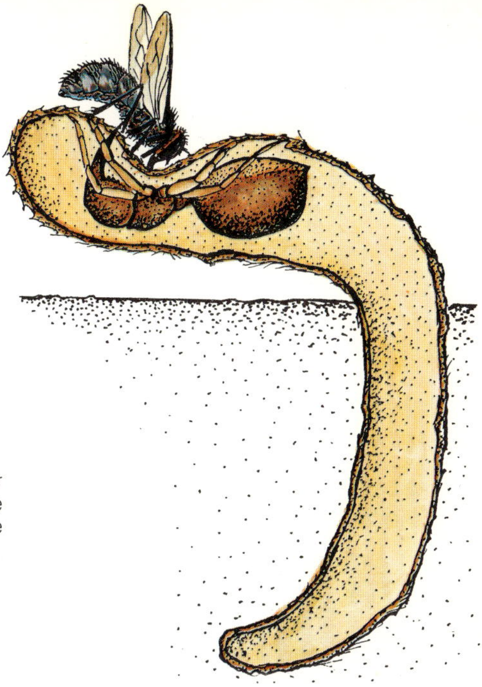

Die «Tapezierspinne» der Gattung *Atypus* wartet in einer Röhre im Erdreich. Insekten, die die Röhre betreten, werden von ihr hineingezogen und betäubt.

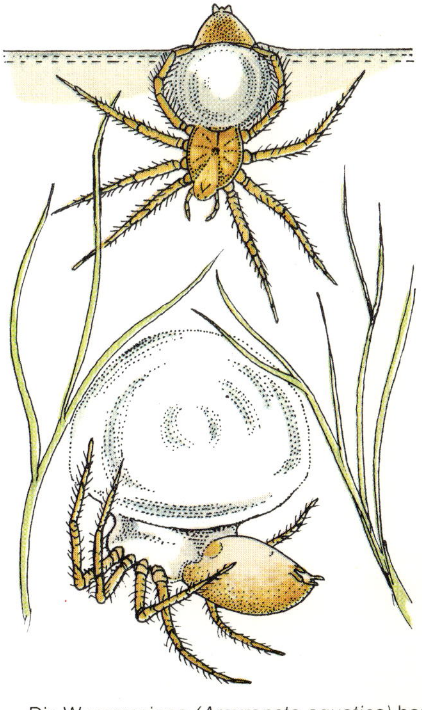

Die Wasserspinne *(Argyroneta aquatica)* baut eine Luftglocke zwischen feinen Fangfäden in Wasserpflanzen unter der Wasseroberfläche. Sie ernährt sich von Larven und Wasserläusen.

Das Moor bei Einbruch der Dunkelheit

Moore bei Dunkelheit hat man immer schon als unheimlich empfunden. Wie jeder weiß, haben sich Macbeth und Banquo mit den Hexen auf einer öden Heide getroffen. Thomas Hardy hat in seinen Novellen oft den bei Dämmerung düsteren Charakter von Egdon Heath beschrieben; und das «einsame» Moor war ein viel gebrauchtes Bild der Gruselliteratur, die vor 180 Jahren in Mode war (siehe «Frankenstein»).

Bei meinem Spaziergang durch dieses einsame, verheidete Moor, 300 Meter über dem nahen Meer, begegne ich sicherlich mehreren todbringenden Lebewesen, an denen allerdings nichts Übernatürliches ist. Als erstes stoße ich auf einen Ameisenhaufen (*Lasius flavus,* glaube ich). An ihrem gewölbten, grasbewachsenen Hügel mit dem Ausmaß eines großen Korbes wäre ich vorbeigegangen, wenn meine Aufmerksamkeit nicht durch eine zentimeterbreite Ameisenkolonne geweckt worden wäre, die zielbewußt im Heidekraut verschwand. Ich folge ihr und stoße drei bis vier Meter vom Ameisenhaufen auf den Kadaver eines Junghasen, auf dem die Ameisen zu Tausenden herumkrabbeln. Er blutet aus dem Maul und aus einem Ohr. Die Ameisen können das nicht getan haben; entweder sie gaben ihm den Rest oder er starb schon, bevor sein Geruch sie anzog.

Es gibt etwa 36 Ameisenarten in unseren Breiten, die alle in Staaten leben und von denen die meisten Fleischfresser sind. Sie werden von Aas angelockt, können aber auch ein hilfloses Tier selber töten. In diesem Fall hier verrichten die Ameisen nur ihre Beseitigungsarbeit, indem sie diesen jungen Hasen bis auf die Knochen verzehren. Wie ich mich neben ihnen niederknie, um sie bei ihrem eigenartigen und steten Signalaustausch untereinander zu beobachten, den sie mittels Aneinanderreiben der Köpfe bewerkstelligen, werden sie unruhig und ärgerlich und verspritzen Ameisensäure. Der scharfe Ammoniakgeruch treibt mir das Wasser in die Augen. Ich bin in ihre Welt eingedrungen, in der jede Ameise wie ein Automat ihre Aufgabe erfüllt und in der das Leben der einzelnen nicht zählt.

Es wird dunkler. Ich wandere auf einem Pfad durchs Heidekraut. Plötzlich taucht eine Schleiereule auf und fliegt niedrig etwa 20 Meter rechts von mir vorbei. Sie wäre mir wahrscheinlich selbst jetzt bei Dämmerung nicht so nahe gekommen, wenn ich nicht gerade durch ein Kieferngehölz gedeckt gewesen wäre. Ihre Flügel schwingen langsam und geräuschlos. Sie fliegt ohne Eile, kehrt mir für einen Augenblick ihre großen dunklen Augen zu, die in dem weiß beflaumten Gesicht stehen – ein kurzer durchdringender Blick. Hier finde ich etwas, was sie vielleicht infolge meiner Anwesenheit übersehen hat: Ein etwa 6 Zentimeter langer Hirschkäfer *(Lucanus cervus)* krabbelt langsam um einen modrigen Baumstumpf herum. Während ich seinen glänzenden, harten braunschwarzen Körper zwischen Daumen und Zeigefinger nehme, bewegt er träge die Beine. Er sieht furchterregend aus mit seinen mächtigen, geweihähnlichen Zangen, ist jedoch in Wirklichkeit ganz harmlos. Seine Kiefermuskeln sind im Verhältnis zur Größe der Kiefer viel zu schwach, als daß sie einen schmerzhaften Biß verursachen könnten. Diese Käfer legen keine großen Entfernungen zurück, sie halten sich in der Nähe ihrer Nahrungsquelle auf, meistens sind das Pflanzenwurzeln und verfaultes Holz. Ich setze ihn auf meine Hand, bewundere seine feingeformten Beine und warte, ob er wohl seinen Panzer öffnen und seine Flügel entfalten wird, um zu fliegen. Das wäre ein herrlicher Anblick. Wenn er es nur tun würde! Er bleibt jedoch still sitzen und spielt nicht mit. Ich setze ihn wieder auf seinen Baumstumpf.

Es ist schon dunkler als sonst, wie ich zu der engen, einsamen Straße komme, auf der ich hügelabwärts nach Hause gehen will. Ich bleibe stehen, um die letzten ockergelben Sonnenstrahlen draußen auf dem Meer zu betrachten, da taucht plötzlich 20 Meter von mir entfernt ein Iltis aus dem Heidekraut auf und macht unschlüssig am Straßenrand halt. Es ist ein großes Tier, gut 30 Zentimeter lang, mit einer dunklen Maske und dunklen Augen, der Rest ist cremegelb; das Fell ist lang und dicht wie bei einem Frettchen. Außerdem hat er einen beachtlichen Schwanz. Er läuft eilig über die Straße und verschwindet.

Diese Iltisse sind eine interessante Besonderheit der Insel Man. Auf der Insel gibt es einige Hermeline, jedoch keine Dachse, Füchse, Otter oder Wiesel. (Wiesel sind in den meisten englischen Mooren heimisch.) Der Iltis ist deshalb hier das einzige Raubtier, das in der Lage ist, den hübschen Schneehasen *(Lepus timidus)*, der häufig in den Bergen anzutreffen ist, zu jagen und zu töten. Anders als der Feldhase *(Lepus europaeus occidentalis)*, färbt dieser sich im Winter ganz weiß. Um die überhandnehmenden Kaninchen zu bejagen, wurden vor vielen Jahren Iltisse auf der Insel eingebürgert. Sie vermehrten sich stark und breiteten sich überall aus. Sie sind unmäßige Räuber, zum Ärgernis der Bauern, denn wie Füchse töten sie oft in einer Art Blutrausch und machen weit mehr Beute, als sie fressen oder wegtragen können. Ein ausgewachsener Iltis kann ebensogut mit Gänsen und Truthähnen wie auch mit Hühnern fertigwerden und ist sehr angriffslustig, wenn er in die Enge getrieben wird. Trotz alledem ist sein Anblick faszinierend, wenn er auf seiner nächtlichen Jagd durch das Moor streift – es ist, als träfe man einen Strauchritter oder ein Piratenschiff. Ich muß einfach Partei für ihn ergreifen.

Es ist jetzt ganz dunkel, und der Himmel ist nur noch wenig heller als die schwarzen Bäume am Rande des Moores. Vor diesem Hintergrund jagen kleine Fledermäuse lautlos nach Motten und anderen Insekten. Ich habe eine Schwäche für Fledermäuse und bewundere ihre Geschicklichkeit, mit der sie fliegen und jagen. Selbst in dichtem Gehölz stoßen sie sich nicht an Hindernissen, zum Teil dank ihren empfindlichen Schnurrhaaren, hauptsächlich aber dank dem Echo auf ihre kurzen, hohen Peil-Laute, das von Hindernissen auf ihre großen, empfindlichen Ohren zurückgeworfen wird. Sie sind so in der Lage, Hindernisse rechtzeitig zu erkennen und ihnen auszuweichen. Sie erbeuten und fressen ihre Nahrung im Flug. Im Sommer jagen sie jede Nacht. Selbst während des Winterschlafes beginnen sie tagsüber zu jagen, wenn die wärmende Sonne auch Insekten zum Ausfliegen bringt. Es gibt zwölf verschiedene Fledermausarten in Großbritannien, aber diese kleinen Kerle hier sind Zwergfledermäuse, die häufigste Art.

Ich meine, daß Moore weder Gespenster noch Hexen nötig haben. Es gibt so zahlreiche furchterregende Gestalten und Räuber hier, daß man nicht auf Übernatürliches zurückzugreifen braucht. In der freien Natur ist jedes Lebewesen ein Glied der Nahrungskette, ob Räuber oder Opfer, meistens beides – und kaum eines stirbt an Altersschwäche. Diese grausame Seite der Natur ist – gelinde gesagt – nicht leicht zu akzeptieren. Sie aber zu ignorieren heißt, der Wahrheit ausweichen und unfähig sein, die Natur zu verstehen. Töten, fressen und überleben – darum dreht sich alles.

Pflanzen

Erklärungen zur nächsten Doppelseite

1 Graue Glockenheide, 2 Lungen-Enzian, 3 Haarsimse, 4 Schmalblättriges Wollgras, 5 Igel-Segge, 6 Wiesen-Segge, 7 Sumpf-Weidenröschen, 8 Sparrige Binse, 9 Geflecktes Knabenkraut, 10 Stengelloses Leimkraut,
11 Fetthennen-Steinbrech,
12 Stern-Steinbrech,
13 *Saxifraga hypnoides,*
14 Behaarter Mauerpfeffer,
15 Rippenfarn,
16 *Sphagnum,*
17 Flechten

Tiere

18 Frettchen, 19 Schneehase,
20 Feldhase,
21 Zwergfledermaus,
22 Sumpfohreule,
23 Kleines Nachtpfauenauge

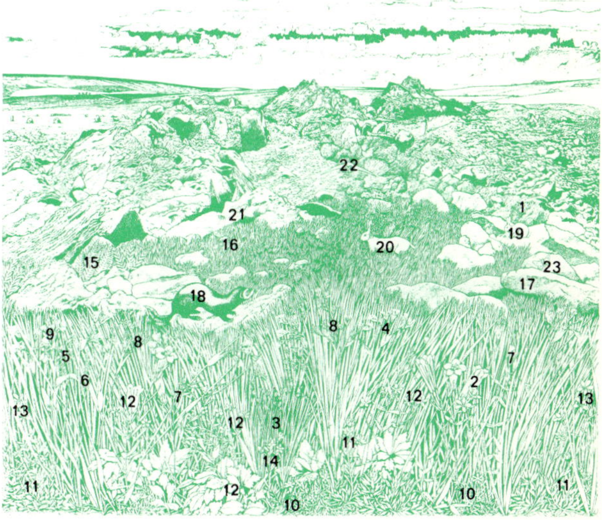

Sehen und Hören

Unsere Sehkraft läßt nach Einbruch der Dunkelheit nach. Doch manche Tiere werden erst bei Dunkelheit und während der Nacht besonders aktiv. Wie werden sie mit dem schwindenden Licht fertig? Bei manchen Tieren sind andere Sinnesleistungen stärker entwickelt, wie z.B. der Gehörsinn, der Geruchssinn, andere können bei Zwielicht oder Dunkelheit sehen, da sie besondere Einrichtungen in ihren Augen besitzen.

Die Netzhaut (Retina) ist der Teil des Auges, der lichtempfindlich ist und aus zweierlei Zelltypen, genannt «Stäbchen» und «Zäpfchen», besteht. Stäbchen und Zäpfchen erfüllen verschiedene Aufgaben. Zäpfchen nehmen Farben und Einzelheiten auf, während Stäbchen Bewegungen und den Wechsel der Lichtstärke wahrnehmen. Wenn man das Verhältnis der Anzahl von Stäbchen und Zäpfchen kennt, kann man daraus schließen, wie ein bestimmtes Tier lebt. Ein Raubvogel, z.B. ein Turmfalke, Merlin oder Bussard, muß die kleinste Bewegung auf dem Boden wahrnehmen können, während er über dem Moor schwebt. Die Augen dieser Vögel haben einen hohen Stäbchen-Anteil.

Die Lichtmenge wird bei manchen Tieren durch eine reflektierende Schicht erhöht, die sich hinter der Netzhaut befindet und «Tapetum lucidum» genannt wird. Dadurch wird das unscharfe Bild verbessert, das vom Auge bei Dunkelheit wahrgenommen wird. Man kann die Reflexion des Tapetums sehen, wenn die Augen eines wilden Tieres, z.B. eines Fuchses, im Scheinwerferlicht eines Autos aufleuchten.

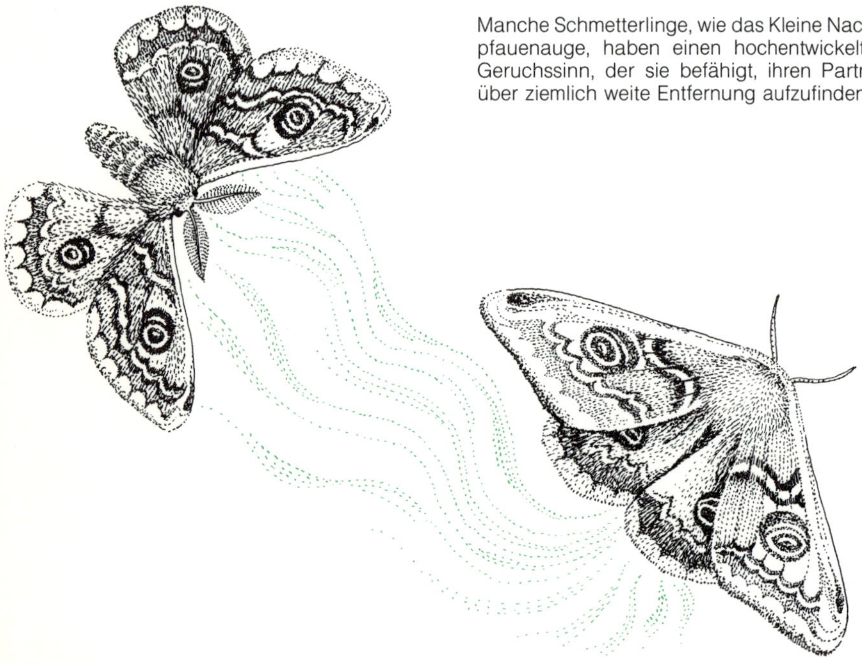

Manche Schmetterlinge, wie das Kleine Nachtpfauenauge, haben einen hochentwickelten Geruchssinn, der sie befähigt, ihren Partner über ziemlich weite Entfernung aufzufinden.

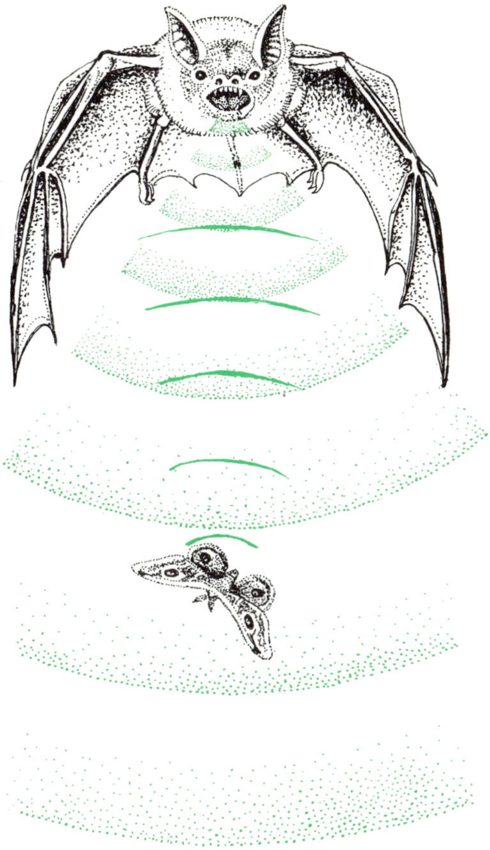

Die Lichtempfindlichkeit des Auges wird bei manchen Tieren durch das «Tapetum» verstärkt, das ist eine reflektierende Schicht hinter der Netzhaut. Durch die Reflexion des Tapetums scheinen die Augen eines Fuchses im Scheinwerferlicht eines Autos rot zu glühen.

Fledermäuse finden ihre Beute durch Echo-Ortung. Sie stoßen unablässig Peil-Laute mit hoher Frequenz aus, die von den fliegenden Insekten zurückgeworfen werden.

Wenn man jedoch ein nachtaktives Tier mit lichtempfindlichen Augen dem Tageslicht aussetzt, wird es offensichtlich von der Helligkeit geblendet. Die meisten Tiere haben ein drittes Augenlid. Wir haben es auch, es ist jedoch winzig und hat keine Funktion. Bei Eulen wird die trüb-weißliche Nickhaut bei Tageslicht über das Auge gezogen und erfüllt so eine ähnliche Aufgabe wie die Sonnenbrille beim Menschen: sie verringert die Blendwirkung.
Bei totaler Dunkelheit versagen die Augen jedoch meistens, deshalb verlassen sich reine Nachttiere auf andere Sinnesorgane. Am bemerkenswertesten und bekanntesten ist der Gehörsinn, den die Fledermäuse entwickelt haben. Wenn Fledermäuse fliegen, senden sie unablässig kurze Peil-Laute aus. Diese kurzwelligen Laute prallen auf Objekte und werden auf die sehr empfindlichen Hörorgane der Fledermäuse zurückgeworfen.
Motten haben Fähigkeiten ausgebildet, die Fledermäuse zu täuschen. Manche können wie die Fledermäuse Laute in hoher Frequenz ausstoßen, die die Echo-Ortung der Fledermäuse durcheinanderbringen. Andere sind so pelzig, daß dieser Pelz wie eine akustische Tarnkappe wirkt. Wieder andere entkommen dadurch, daß sie ihre Flügel zusammenklappen und sich einfach fallen lassen, nachdem sie vom Schalldruck einer Fledermaus getroffen wurden.
Fledermäuse sind in der Lage, zwischen Hindernissen wie Bäumen und Mauern und ihren Beutetieren (Insekten) zu unterscheiden.

Das Sehen bei Tieren

Ultraviolettes Licht. Eine Blüte, die dem Menschen einfarbig gelb erscheint, kann ultraviolette Pollen haben, die für Bienen sichtbar sind.

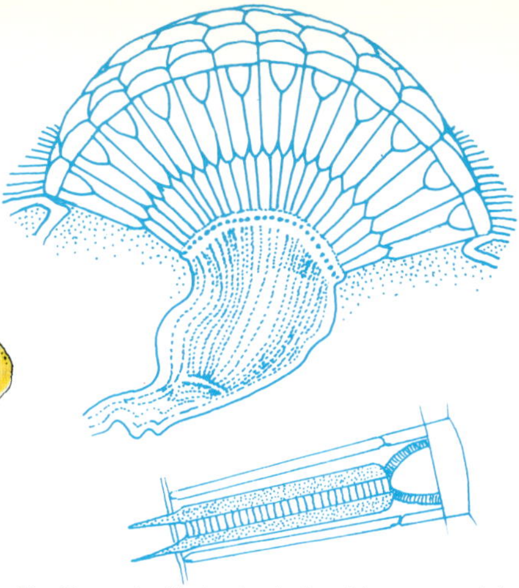

Ein Querschnitt durch ein Insektenauge zeigt, daß es aus vielen verschiedenen Linsen besteht. Jeder Linsentyp nimmt einen Teil des Geschehens auf, der im Gehirn des Insekts erfaßt und erst dann zu einem vollständigen Bild zusammengesetzt wird.

Bei Greifvögeln, wie Turmfalken oder Sperbern, sitzen die Augen seitlich. Dadurch haben sie ein sehr großes Blickfeld, obwohl sie nicht direkt geradeaus sehen können. Sie besitzen mehr Zäpfchen als Stäbchen, was ein scharfes Sehen bei Tageslicht und die Wahrnehmung winziger Einzelheiten ermöglicht.

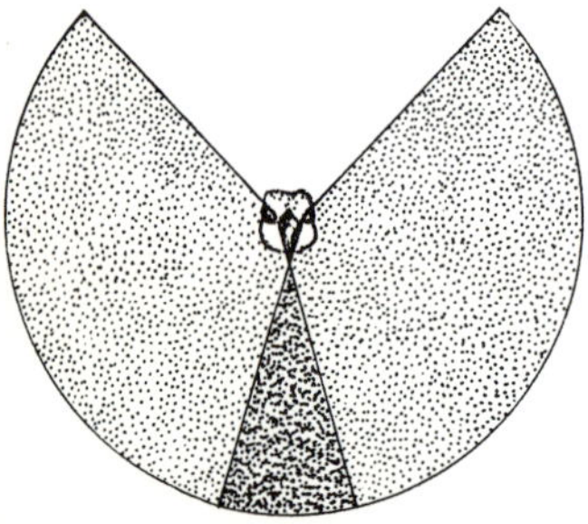

Eulenaugen sitzen in der Mitte des Gesichtes und können nicht bewegt werden. Deswegen müssen Eulen ihren ganzen Kopf drehen, wenn sie ihre Blickrichtung ändern wollen. Durch die großen Pupillen sehen sie bei Dämmerung besser. Ihre Augen sind auch empfindlich für infrarotes Licht, was sie befähigt, die Wärme kleiner Tiere in der Dunkelheit zu sehen. Sie haben Stäbchen und Zäpfchen. Die größere Dichte von Stäbchen in der Mitte der Netzhaut macht sie lichtempfindlicher, was die Eulen befähigt, nachts zu jagen.

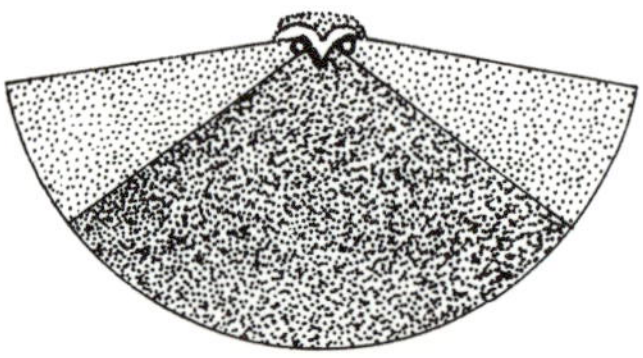

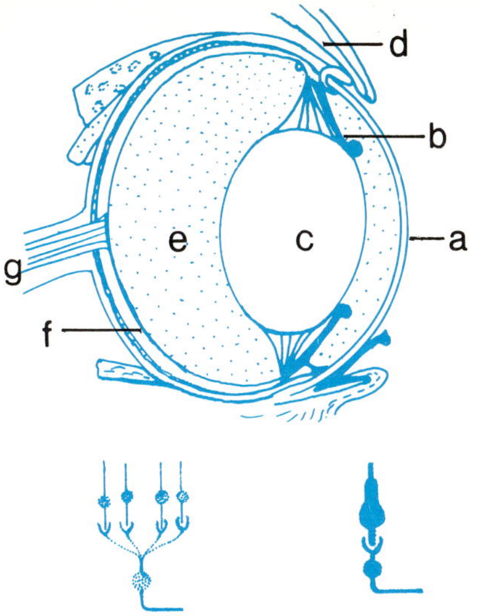

Schematischer Querschnitt durch ein Auge. Stäbchen und Zäpfchen sind lichtempfindliche Empfangsorgane, die in die Netzhaut eingebettet sind. a) Hornhaut, b) Regenbogenhaut, c) Linse, d) Ringmuskel, e) Flüssigkeit, f) Netzhaut, g) Sehnerv.

Die Augen verschiedener Tiere sind für unterschiedliche Wellenbereiche des Lichts empfindlich, von Ultraviolett bis Rot. Unten zeigen wir die Bandbreite des Farbensehens verschiedener Organismen:

a) Mensch
b) Hummel
c) Falke-Raubvogel
d) Frosch-Amphibie

Es scheint so, als werden Frösche von Blau angezogen. Das mag ihnen dabei helfen, im Wasser einem Räuber zu entkommen, weil das Blau des Himmels sie zur Wasseroberfläche zieht. Ihre Augen sind so ausgestattet, daß sie unter Wasser sehen können.

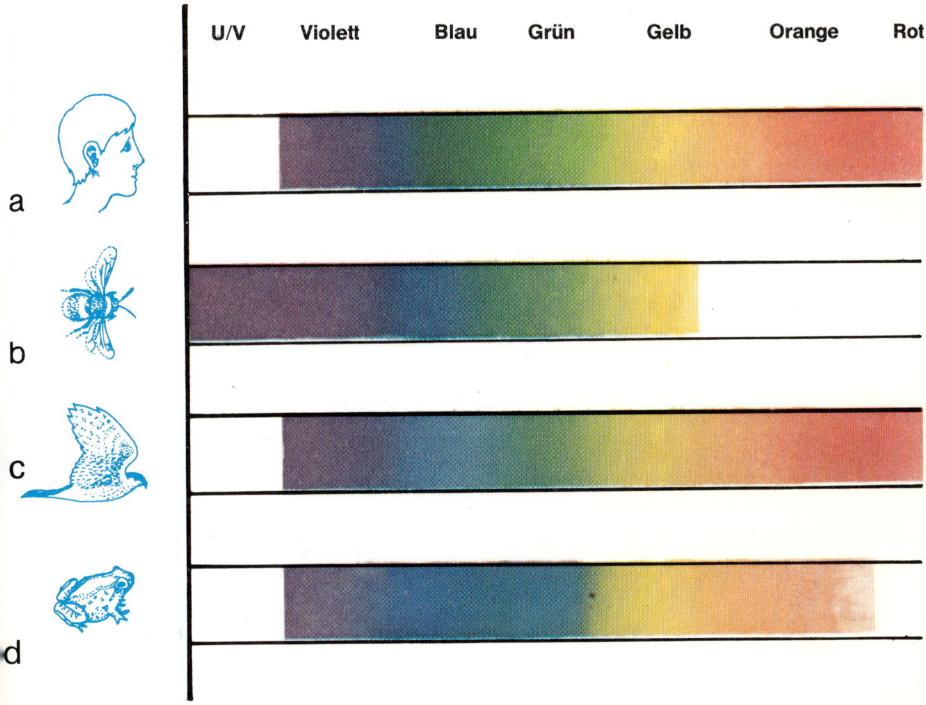

Der Wald bei Tag

Der Wald, in dem ich mich befinde, erstreckt sich zu beiden Seiten eines tiefen, ziemlich ursprünglichen Tales. Die Waldränder, die sich bis hinauf zum Moor ziehen, sind neu aufgeforstet – 140 Hektar Lärchen, Kiefern, Tannen, Fichten und Harthölzer, nicht ganz zwanzig Jahre alt, groß und kräftig, eng gesetzt und fast undurchdringlich. Die Fichte kennen wir alle als Weihnachtsbaum, diese hier sind jedoch nicht zu diesem Zweck angepflanzt worden. Sie sind schon viel zu hoch.

Ich habe einen Waldbaumläufer und einen Kleiber am Rande dieses ziemlich düsteren Waldes gesehen. Beide leben von Insekten, die sie aus der Baumrinde picken, doch die Art und Weise, wie sie das machen, ist verschieden. Der stumpfschwänzige, spitzschnabelige Kleiber (blaugrau oben, mit kastanienbraunen Flanken) klettert spiralförmig die Stämme hinauf und hinunter, er klettert ruckartig und nervös und hält sich dabei mit seinen langen, weit gespreizten Krallen fest. Der Waldbaumläufer hat einen braunen Rücken, silbrig weiße Brust und einen ziemlich langen, dünnen, gebogenen Schnabel. Er besitzt auch weit gespreizte Krallen an den Füßen. Im Gegensatz zum Kleiber klettert er aber fast immer nur aufwärts oder an den Zweigen entlang und fliegt nach unten, wenn er eine bestimmte Höhe erreicht hat. Er flattert herum, fliegt selten weit – im Gegensatz zum Kleiber, der vorzüglich in der Lage ist, rasch zu verschwinden. Beide Vögel sind ziemlich scheu. Wenn man jedoch in Waldnähe wohnt, kann man sie meist mit einer Futterstelle anlocken, vor allem in strengen Wintern.

Es hat wenig Sinn, in das düstere Pflanzengewirr einzudringen. Hier gibt es kaum Insekten, weshalb sich auch wenig Vögel hier aufhalten. Etwas Interessantes fällt mir beim Durchstreifen dieses Gebietes an diesem Septembernachmittag auf. Nahe den Lärchen wachsen gelbbraune Pilze mit breiten, gewellten, schleimig glänzenden Hüten. Ihre Röhren sind schwefelgelb. Es sind Goldröhrlinge *(Boletus elegans)*, die man nur in der Nähe von Lärchen antrifft. Es sind gute Speisepilze.

Ich ziehe den Laubwald auf der anderen Seite des Flusses, der durch das Tal fließt, der Nadelwaldanpflanzung vor. Dieser Wald ist viel älter, man kann das an den Bäumen erkennen. Da stehen riesige Eichen, Eschen und Bergahorne. Die Blätter des Bergahorns sind ganz bedeckt mit schwarzen Flecken eines Pilzes *(Rhytisma acerinum)*. Ein Pfad windet sich durch den Wald, am rechten Flußufer entlang. Die Bäume hier sind so groß, daß die Abstände zwischen ihnen sehr weit sind. Hier hat der Förster offenbar versucht (ich frage mich, warum), ein paar weniger bekannte Bäume anzupflanzen. Da gibt es eine Goldregen-Art mit ihren anmutig hängenden dreizähligen Blättern. Hier steht ein niedriger, ausladender Baum mit Trauben hochroter Beeren im dunkelgrünen Laub. Was mag das nur sein? Die Beeren wetteifern mit denen der Eberesche, die orange leuchten, während im Dickicht die dunkelroten Früchte der Mistel und die helleren, eiförmigen Hagebutten der Heckenrose hängen. Eine Drossel treibt sich hier herum, aber sie scheint im Moment kein Interesse an den Beeren zu haben. Daß sie jetzt die Früchte noch nicht anrührt, soll auf einen strengen Winter hindeuten. Vögel lassen die Früchte im Herbst am Baum hängen, wenn sie das Gefühl haben, daß sie sie später benötigen werden. Das mag vielleicht stimmen – wir haben ja für manches, was Vögel tun, keine Erklärung.

Hoch oben, im älteren Teil des Waldes, wird das Bett eines schmalen, nicht mehr als 1,20 Meter breiten Baches, von massiven, etwa eineinhalb Meter hohen Trockenmauern beidseitig eingefaßt. So fließt das Wasser durch eine Art Miniatur-Schlucht, die mit Holunderbüschen überwachsen ist. In der Nähe steht die Ruine eines Steinhäuschens. Es war früher eine Mühle, jedoch keine gewerbliche Mühle, die das ganze Jahr von einem Berufsmüller betrieben wurde, vielmehr eine jener kleinen Mühlen, die früher gelegentlich von den umliegenden Gemeinden benutzt wurden. Der Bach trocknet oft fast ganz aus, doch nach heftigen Regengüssen füllt er sich mit trüben, braunen, schlammigen Fluten aus dem darüberliegenden Moor und stürzt gurgelnd und brausend talwärts. Zu solchen Zeiten ergriffen die Dörfler die Gelegenheit beim Schopf, eilten herauf und mahlten ihr Getreide, solange noch genügend Wasserkraft da war, um das Mühlrad zu drehen. Rad und Mühlsteine sind längst verschwunden. Nur das kleine, zerfallene Haus steht noch über den sauber festgefügten Ufermauern. Es war ein heißer, trockener Sommer, und der Bach führt jetzt nur wenig Wasser.

Auf der Mauer der zerstörten Mühle läuft ein ungewöhnliches Insekt – eine Art Käfer. Er ist noch kleiner als der Nagel meines kleinen Fingers, braun mit sechs orangefarbenen Beinen, spitzer «Nase» und einem braunen Körper, der wie ein Schild geformt ist. In der Rückenmitte hat er einen einzigen leuchtendroten Fleck. Ich schaue in einem Bestimmungsbuch nach, und er stellt sich als Baumwanze *(Pentatoma rufipes)* heraus. Dies ist ein Exemplar der großen Familie der Schildwanzen, die in England selten vorkommen, außer in und nach heißen Sommern, so scheint es. Ich mache mich auf den Heimweg und pflücke mir im Gehen noch ein paar reife Brombeeren.

Am Waldrand entdecke ich eine ziemlich auffällige Pflanze, die aus dem steinigen Bachufer herauswächst. Sie hat kreisrunde, leicht gekerbte, fleischige Blätter, die konzentrisch auf den Stielen sitzen und etwa 2 bis 7 Zentimeter Durchmesser haben. Jedes Blatt hat ein Grübchen in der Mitte der Oberseite. Über den Blättern bildet die Pflanze eine ährenförmige Traube grünlichweißer Blüten. Diese hier sind schon abgeblüht und verwelkt. Die Pflanze heißt Venusnabel *(Umbilicus rupestris)*. Sie bevorzugt kühle, schattige Standorte, Felsspalten und Mauern mit saurer Erde.

Erklärungen zur nächsten Doppelseite

Pflanzen

1 Stiel-Eiche, 2 Feldahorn, 3 Hänge-Birke, 4 *Tilia vulgaris* (Linden-Bastard), 5 *Ulmus procera* (Ulme), 6 Berg-Ulme, 7 Gemeine Esche, 8 Rot-Buche, 9 Stech-Palme, 10 Haselnuß, 11 Eingriffliger Weißdorn, 12 Purgierstrauch, 13 Trauben-Kirsche, 14 Goldnessel, 15 Persischer Ehrenpreis, 16 Acker-Vergißmeinnicht, 17 *Silene dioica* (Leimkraut), 18 Hain-Veilchen, 19 Glänzender Storchschnabel, 20 Zarter Mauerlattich, 21 Grünliche Waldhyazinthe, 22 R ainkohl, 23 Schönes Johanniskraut, 24 Mandel-Wolfsmilch, 25 Kleines Habichtskraut, 26 Nesselblättrige Glockenblume, 27 Echte Nelkenwurz, 28 Großes Hexenkraut, 29 Venusnabel, 30 Riesenporling

Tiere

31 Damhirsch, 32 Singdrossel, 33 Buchfink, 34 Mönchsgrasmücke, 35 Kleiber, 36 Kernbeißer, 37 Blaumeise, 38 Kohlmeise, 39 Senfweißling, 40 *Pararge aegeria,* 41 Brauner Waldvogel, 42 C-Falter, 43 *Zygiella atrica* (Sektorspinne), 44 Kreuzspinne, 45 *Meta segmentata,* 46 Rote Waldameise, 47 *Carabus violaceus* (Laufkäfer), 48 Tigerlaufkäfer, 49 *Jassus lanio* (Zwergzykade), 50 *Pentatoma rufipes* (Baumwanze), 51 Marienkäfer, 52 Eichen-Splintkäfer, 53 Haselnußbohrer, 54 Hainbänderschnecke, 55 Große Birkenblattwespe

Konzert im Morgengrauen

Sommergrüne Wälder (das sind solche mit Bäumen und Sträuchern, die ihre Blätter im Herbst abwerfen) sind ungemein reich an Lebensräumen für Pflanzen und Tiere. Obwohl sich sehr viele verschiedene Tiere in diesem Lebensraum aufhalten und Futter suchen, konkurrieren sie doch nicht miteinander, weil jede Art den Wald auf unterschiedliche Weise nutzen kann. Eine genauere Untersuchung ihrer Lebensweise zeigt uns, wie viele Arten zusammenleben können, ohne daß sie in bezug auf Nahrung und Revieransprüche in Streit geraten. Zum Beispiel sind manche Arten nachtaktiv, die meisten aber sind nur bei Tag aktiv.

Hält man sich im Frühjahr bei Sonnenaufgang im Wald auf, wenn der Tau noch auf den Spinnweben glitzert, kann man dem Morgenkonzert der Vögel zuhören. Die Vogelmännchen markieren singend ihre Reviere und halten andere Männchen der gleichen Art auf diese Weise davon ab, in ihre Reviere einzudringen. Zu Anfang der Brutzeit dient der Gesang auch häufig dazu, ein Weibchen anzulocken. Experimente haben erwiesen, daß Vögel und zahlreiche andere Wirbeltiere durch die morgendliche Änderung der Lichtstärke dazu angeregt werden, ihren Tagesablauf zu beginnen. Beginn und Ende ihrer Aktivität sind bei den einzelnen Arten unterschiedlich. Nachtigall und Singdrossel «stehen früher auf» als Mönchsgrasmücke und Wintergoldhähnchen.

Gleichzeitig mit der Lichtstärke erhöht sich auch langsam die Lufttemperatur und wirkt dadurch als Auslöser für das Erwachen des Insektenlebens. Die Muskulatur von Insekten arbeitet nur in einem engen Temperaturbereich. Wenn es kühl ist, verlassen nur wenig Insekten ihren Unterschlupf. Vögel und andere Insektenfresser im Wald haben ihren täglichen Zeitplan der Futtersuche an die Zeiten höchster Aktivität ihrer Beutetiere angepaßt.

Der Gesang von Vögeln besteht oft aus einer regelmäßigen Abfolge von Tönen. Hier sieht man von oben nach unten Beispiele von Nachtigall, Feldlerche, Singdrossel, Amsel, Zaunkönig, Tannenmeise und Kleiber. Daneben Notenbeispiele ihrer bekannten Melodien.

Waldvögel suchen ihr Futter in verschiedenen Schichten der Vegetation. In der Wipfelregion trifft man Ringeltaube und Blaumeise an, niedriger (von links nach rechts) sieht man Sumpfmeise, Kleiber, Baumläufer und Buntspecht; noch tiefer Zilpzalp, Kohlmeise und Mönchsgrasmücke. In der Strauchschicht leben Zaunkönig, Feldsperling und Nachtigall; auf dem Boden die Amsel.

Der Wald bietet viele Möglichkeiten, verschiedene Nahrungsquellen zu erschließen. Durch solch unterschiedliche Nutzung wird der Wettbewerb zwischen tagaktiven Arten vermieden. Beispielsweise finden Kleiber, Baumläufer und Buntspecht ihre Nahrung in Baumrinden. Der Baumläufer hat einen sehr dünnen, gebogenen Schnabel, mit dem er in Rindenspalten nach Insekten stochert. Der größere Buntspecht kann mit seinem kräftigen Schnabel tiefer in Rinde und abgestorbenes Holz eindringen und holt mit seiner langen klebrigen Zunge größere wirbellose Tiere heraus, die der Baumläufer nicht erreichen kann. Der Kleiber, der Größe nach zwischen Baumläufer und Specht, nimmt sowohl Insekten aus der Baumrinde wie auch viele Samen und andere Früchte auf, die er in Rindenspalten verkeilt, um sie mit seinem Schnabel bearbeiten zu können. Obwohl also alle drei Arten in der Rinde von Bäumen suchen, stehen sie nicht in voller Nahrungskonkurrenz zueinander und können deshalb gut nebeneinander leben.
Ein Wald baut sich aus verschiedenen Schichten auf, vom Boden bis zu den Wipfeln der Bäume. Kohlmeise und Blaumeise – wie Baumläufer, Kleiber und Specht – scheinen auf den ersten Blick denselben Lebensraum zu bewohnen, stehen aber durch verschiedene Aufteilung ihres Lebensraumes doch nicht in Konkurrenz zueinander: die größere Kohlmeise sucht ihre Nahrung in den unteren Bereichen, auf dem Boden und in der Strauchschicht, während sich die kleinere Blaumeise hauptsächlich in der Wipfelregion der Bäume aufhält und dort nach Nahrung sucht.
Die Brutzeit der Vögel ist jahreszeitlich so abgestimmt, daß für die Nestjungen reichlich Futter zur Verfügung steht und die Tage lang sind. Dadurch haben die Jungvögel die besten Überlebensaussichten. Im Sommer müssen manchmal beide Eltern den ganzen Tag über Futter für ihre Jungen suchen. Ein einziges Blaumeisenpaar ist imstande, täglich mehrere tausend Raupen für seine Brut zu sammeln. Die Jungen wachsen sehr schnell und müssen tagsüber genügend Nahrung aufnehmen, um die kühlere Nacht zu überstehen, wenn die Eltern kein Futter suchen können.

Vogelnester, und wie sie gebaut werden

Vogelnester haben verschiedene Formen und können aus verschiedenen Materialien gefertigt sein, wie man rechts und an den Symbolen unter den Nestern erkennen kann.

Das Nest der Amsel: Man kann es in unterschiedlicher Umgebung finden, meist im Dikkicht, manchmal auch am Boden zwischen Gabelungen der Baumwurzeln. Das Nest besteht aus Gräsern und welken Blättern, die mit einer dauerhaften Lehmschicht vermischt werden. Innen ist es mit zarten Gräsern ausgekleidet. Die Eier sind blau bis braun und hellbraun gesprenkelt.

Das Nest der Elster: Die Elster brütet im Gestrüpp an Waldrändern. Ihr umfangreiches Nest besteht aus Zweigen, verbunden mit Erde und Pflanzenfasern. Es ist mit einem Laubdach gedeckt und hat eine seitlich liegende Einflugöffnung, die manchmal mit Widerhaken aus Brombeer- oder Weißdorndornen versehen ist, um Nesträuber abzuhalten. Die Eier sind grünlichblau mit olivbraunen Flecken.

Das Nest der Schwanzmeise: Es wird in Gestrüpp und Hecken gebaut. Manchmal brütet die Schwanzmeise auch in Astgabeln von Bäumen. Moose und Flechten, verbunden mit Spinnweben, bilden eine tarnende Außenseite, innen werden die Eier durch eine weiche Federschicht gepolstert. Die Eier sind weiß, manchmal mit hellroten Flecken gesprenkelt.

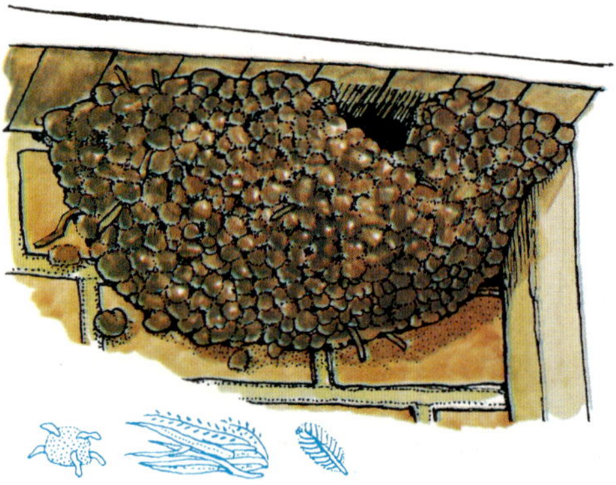

Das Nest der Mehlschwalbe: Ursprünglich nistete die Mehlschwalbe in der freien Natur an Felswänden. Heutzutage findet man ihre Nester hauptsächlich unter Dachvorsprüngen an Häusern und Bauwerken. Sie werden an Wänden dicht unter waagrechten Vorsprüngen befestigt. Dadurch bleibt nur eine kleine Öffnung, wodurch die Jungen geschützt sind. Die Nestmulde wird mit Federn ausgelegt. Die Eier sind reinweiß.

Das Nest des Wintergoldhähnchens: Man findet es hauptsächlich in Mischwäldern auf Nadelbäumen (Eiben). Das kleine Nest hängt dicht unter den äußeren Zweigen, durch die es geschützt wird. Spinnweben verbinden das Nest mit den Haltezweigen. Man kann es nur schwer entdecken, da es mit Moosen und Flechten gut getarnt ist. Die weißgrundigen Eier sind mit dunkleren Flecken bedeckt.

Das Nest des Teichrohrsängers: Der Teichrohrsänger brütet in Wassernähe oder über dem Wasser in Schilfbeständen. Manchmal nisten sie kolonieartig nahe beieinander. Das Nest besteht aus verschlungenen Gräsern und Schilf. Innen ist die tiefe Nestmulde mit Federn und feinem Laub ausgepolstert. Die Eier sind weißgrundig mit blauroten Klecksen.

Bestandteile von Vogelnestern:

Die Symbole dafür sind am Rand eingezeichnet.

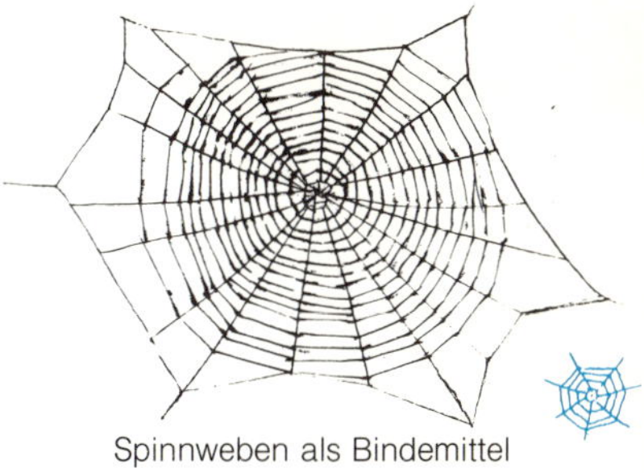

Spinnweben als Bindemittel

Moose und Flechten dienen der Tarnung

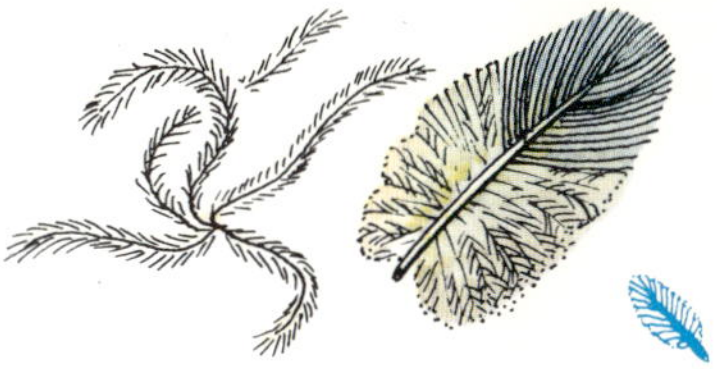

Federn werden als Polster und Futter gebraucht

Samenstände von Disteln und anderen Pflanzen

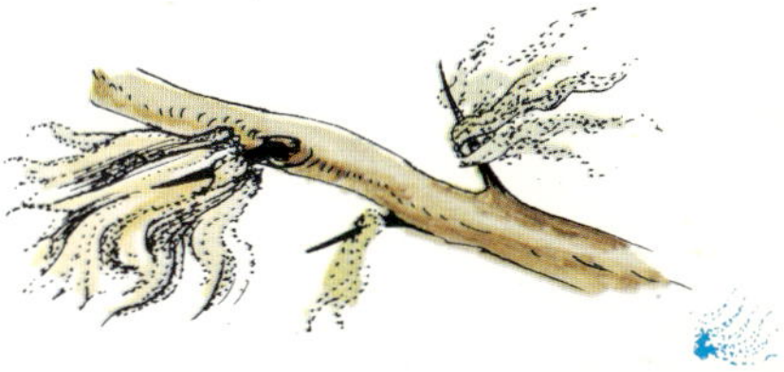

Wolle und Haare zur Polsterung

Andere Materialien, die gelegentlich verwendet werden:

Ästchen, Wurzeln, Schlamm, Gräser, welke Blätter

Der Wald bei Einbruch der Nacht

Der Wald in unseren Breiten ist aus zwei Gründen ziemlich arm an nachtaktiven Tieren. Erstens gibt es bei uns im Vergleich zu anderen Ländern – wie z.B. Nordamerika – ziemlich wenig mittelgroße Säugetiere, und zweitens wird unser Wald normalerweise von Feldern und offener Landschaft unterbrochen, wodurch Kleintiere und Vögel begünstigt werden. Die Blue-Ridge-Berge in Virginia beispielsweise werden über Hunderte von Meilen von ziemlich eintönigen, spindeldünnen Bäumen bewachsen, und hier kann man damit rechnen, verschiedene Arten von Nachttieren zu beobachten, wie Virginische Murmeltiere, Stinktiere, Opossum, Fuchs und vielleicht auch einen Bären. Man erzählt sich, daß zur Zeit der Sklaverei Sklaven, die in die Nordstaaten fliehen wollten, bei finsterer Nacht wanderten und sich dabei nicht in der Richtung irrten, weil sie sich durch Befühlen von Baumstümpfen danach orientieren konnten, auf welcher Seite Moose und Flechten wuchsen. Sie wachsen nämlich dichter auf der Nord- oder Wetterseite. Das hat man jedenfalls geglaubt. Ich kann nur sagen, daß ich mich nicht darauf verlassen hätte.

Es ist bekannt, daß Dachse ihren Bau gewöhnlich tief im Wald anlegen und ihn des Nachts zum Jagen oder Spielen verlassen. Man braucht jedoch eine ganze Menge Ausdauer, Erfahrung und Geduld, um einen Dachs beobachten zu können. Dachse sind scheue, wachsame Tiere; sie sind fähig, die ganze Nacht im Bau zuzubringen, wenn sie nur den leisesten Verdacht hegen, ein Feind könnte in der Nähe sein. Ein Windhauch, ein unachtsamer Schritt, ein knackender Zweig reichen aus, um die Hoffnung auf ein Beobachtungserlebnis zunichte zu machen. Ein Freund von mir stand einmal vier Stunden und getraute sich nicht zu schneuzen, währenddessen ihm eine Spinne über Hals und Ohren lief.

Es gibt ein Gebiet auf der Insel Man mit Namen Lhergy Dhoo, was soviel bedeutet wie «die schwarzen Hügel». Hier liegt ein kleines Fichtenwäldchen an einer ruhigen Landstraße, knapp einen Kilometer vom Meer entfernt. Bei Einbruch der Nacht fliegen Schwärme von Saatkrähen in dieses Waldstück ein. Sie kreisen flatternd und krächzend am fahlen Himmel, bevor sie ihren Schlafplatz aufsuchen. Auch Dohlen, Elstern und grauschwarze Nebelkrähen, die die Insel bevölkern, beziehen Schlafplätze in diesem Wald. Nun kann man verstehen, wie diese Gegend zu ihrem Namen kam. Zweifellos wird dieser Wald schon Hunderte von Jahren als Schlafplatz aufgesucht.

Es lohnt sich, in einer warmen Sommernacht Schlafsack oder Decke mitzunehmen. Denn wenn man bequem daliegt und auf nichts Besonderes wartet, läuft man weniger Gefahr zu rascheln und ist auch weniger angespannt und ungeduldig als ein stehender Beobachter. So hat man die besten Chancen, etwas Interessantes zu sehen oder zu hören. Manche Tiere lassen sich offenbar hauptsächlich durch Geruch und Geräusch leiten. Ich erinnere mich an zwei spielende Hasen, die bei Gegenwind immer näher kamen, bis ich sie fast berühren konnte. Als endlich ihre Augen wahrnahmen, was Nasen und Ohren versäumt hatten, nahmen sie Reißaus. Kleinere Tiere wie Ost-Schermaus (auch Wasserratte genannt) und Igel lassen sich nicht stören, wenn jemand in der Nähe ist und sich mäuschenstill verhält. Als ich einmal in den Blue-Ridge-Bergen nach Sonnenuntergang auf dem Heimweg durch die Wälder ging, beobachtete ich zwei kämpfende Birkhähne. Direkt auf dem Pfad über eine Waldlichtung machten sie Luftsprünge, stellten sich in Positur und versuchten offensichtlich, sich gegenseitig einzuschüchtern. Was sie dazu trieb, war unklar, denn es war Herbst, und es war kein Weibchen in der Nähe. Sie hatten mich ganz übersehen, und schließlich mußte ich sie unterbrechen. Es wurde nämlich schon dunkel, ich wollte nach Hause, und sie versperrten mir den Weg.

Wenn man vor Sonnenaufgang im Wald ist, bekommt man ein Gefühl für den ungebrochenen Ablauf der Zeit, spürt man, wie der Ort auf der Erdoberfläche, an dem man sich gerade befindet, sich wieder der Sonne zuwendet und seine Bewohner sich darauf einstellen. Noch in der Dunkelheit kehren die Eulen von ihrer «Nachtarbeit» zurück und verständigen sich untereinander in den Bäumen. Kurz darauf fangen die Ringeltauben an zu schwätzen und zu gurren, dann fallen die Amseln und Finken mit ihrem Morgengesang ein. Motten und Schnecken verziehen sich, Fliegen und kleine Käfer werden munter. Sollte ein Bach in der Nähe sein, kann man beobachten, wie die Forellen sich zu regen beginnen und vielleicht ein Graureiher anfliegt, um im Wasser nach Beute zu stochern. An einem Sommermorgen zwischen vier und acht Uhr herrscht allenthalben stille Geschäftigkeit, und man fühlt sich in einer anderen Welt, bevor die Menschen wieder mit Autos und Traktoren zu lärmen beginnen.

Es lohnt sich schon allein wegen der Nachtigall, einmal nachts im Wald zu bleiben. In England und Wales taucht das Männchen im Laufe des April auf, normalerweise ein, zwei Wochen vor dem Weibchen. Es singt (sowohl bei Tag als auch bei Nacht), um das Weibchen anzulocken, und auch noch in der Zeit des Nestbaues und der Jungenaufzucht. Sie sind sehr scheu und leben versteckt in dichtem Unterholz. Zum Singen brauchen sie eine längere «Anlaufzeit» und äußern oft über eine Stunde keinen anderen Laut als «tack, tack». Wenn sie aber richtig in Schwung kommen, ist der Gesang unvergleichlich und stellt alles in den Schatten, was Dichter darüber geschrieben haben.

Erklärungen zur nächsten Doppelseite

Pflanzen

1 Stiel-Eiche, 2 Rot-Buche, 3 Hänge-Birke, 4 Stechpalme, 5 Persischer Ehrenpreis, 6 Nesselblättrige Glockenblume, 7 Goldnessel, 8 Rain-Kohl, 9 Kleines Habichtskraut, 10 Mandel-Wolfsmilch, 11 Glänzender Storchschnabel, 12 Zarter Mauerlattich, 13 Großes Hexenkraut, 14 *Silene dioica* (Leimkraut), 15 Grünliche Waldhyazinthe, 16 Hain-Veilchen, 17 Echte Nelkenwurz, 18 Gemeiner Efeu

Tiere

19 Rotfuchs, 20 Igel, 21 Rothirsch, 22 Feldhase, 23 Dachs, 24 Haselmaus, 25 Gelbhalsmaus, 26 Garten-Schnecke, 27 Abendsegler, 28 Waldschnepfe, 29 Schleiereule, 30 Waldkauz, 31 *Mormo maura*, 32 Mittlerer Weinschwärmer, 33 Hausmutter, 34 Rotes Ordensband

Fährten und Zeichen

Der Laubwald mit seinen Eichen, Birken, Weißdorngebüsch und Brombeergestrüpp, mit seinen grasbewachsenen Lichtungen erscheint uns bei Tag farbig und belebt, voller Vogelgesang und Mäusegeraschel. Nachts ist jedoch alles ganz anders. Oft sind die einzigen Lebenszeichen, die wir von den Nachttieren wahrnehmen, die Fährten von Fuchs, Dachs und Rotwild, die diese auf schlammigem oder sandigem Boden hinterlassen haben. Auch kann man gelegentlich Gewölle des Waldkauzes finden, der seinen Schlafplatz tagsüber auf hohen Bäumen bezieht. Diese Gewölle bestehen aus unverdauten Rückständen von kleinen Vögeln und Säugetieren, die von der Eule wieder hervorgewürgt werden. Wenn man so etwas auf dem Boden findet, kann man sicher sein, daß sich eine Eule auf dem Baum darüber aufgehalten hat.
Die meisten Waldpflanzen öffnen tagsüber ihre Blüten, wenn viele Insekten zu ihrer Bestäubung unterwegs sind. Manche aber, wie z.B. die Nachtkerze oder die Echte Nachtnelke *(Silene noctiflora)*, die eher auf brachliegenden Feldern anzutreffen ist, sind zur Bestäubung auf die nachtaktiven Insekten angewiesen. Deshalb öffnen sie ihre Blüten erst langsam bei Dämmerung. Diese Pflanzen besitzen fast immer blasse Blüten. Sie strömen einen Duft aus, der besonders auf Insekten, meistens Nachtfalter, anregend wirkt, von denen sie bestäubt werden.
Nachtaktive Insekten werden nämlich hauptsächlich von Gerüchen geleitet. In der feuchten Nachtluft bleiben die Düfte länger nahe bei den Pflanzen hängen, wodurch sich die Aussichten der Pflanzen verbessern, von Insekten gefunden zu werden. Insekten reagieren sehr empfindlich auf Gerüche; schon winzige Spuren reichen aus, um sie anzulocken – Spuren, die selbst mit unseren komplizierten wissenschaftlichen Instrumenten kaum noch zu registrieren sind.

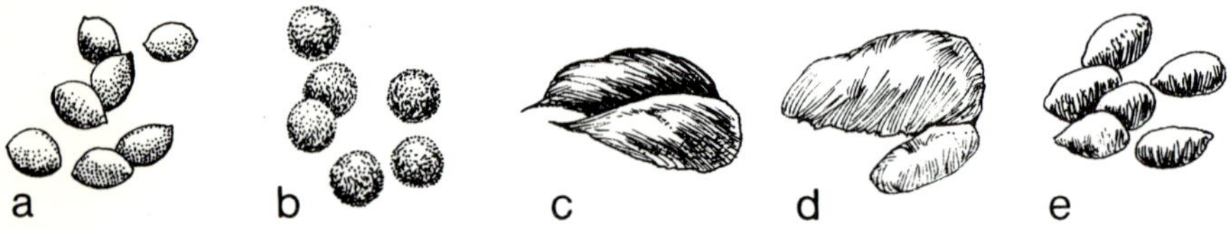

An den Losungen kann man feststellen, welche Tiere sich nachts hier aufgehalten haben: a) Wildkaninchen, b) Feldhase, c) Fuchs, d) Dachs, e) Reh.

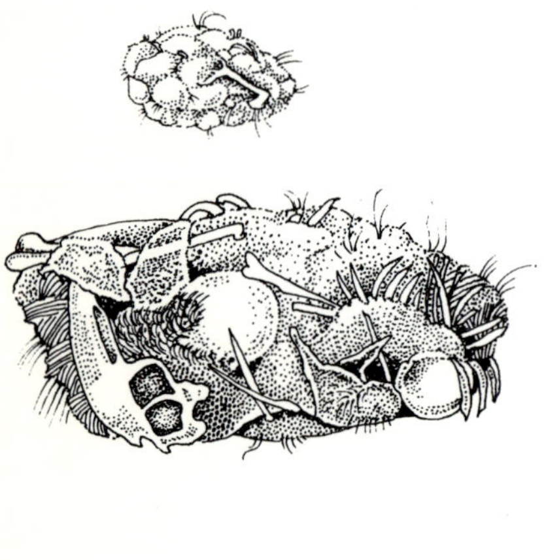

Wenn Eulen (und Taggreifvögel) ihre haarige und knochige Beute gefressen haben, würgen sie die unverdaulichen Rückstände wie Knochen, Haare, Federn als Gewölle wieder hervor. Untersucht man diese Gewölle, kann man nicht nur die Nahrung des Vogels erkennen, sondern ist auch in der Lage, zu bestimmen, welche kleinen Säugetiere und Vögel hier leben.

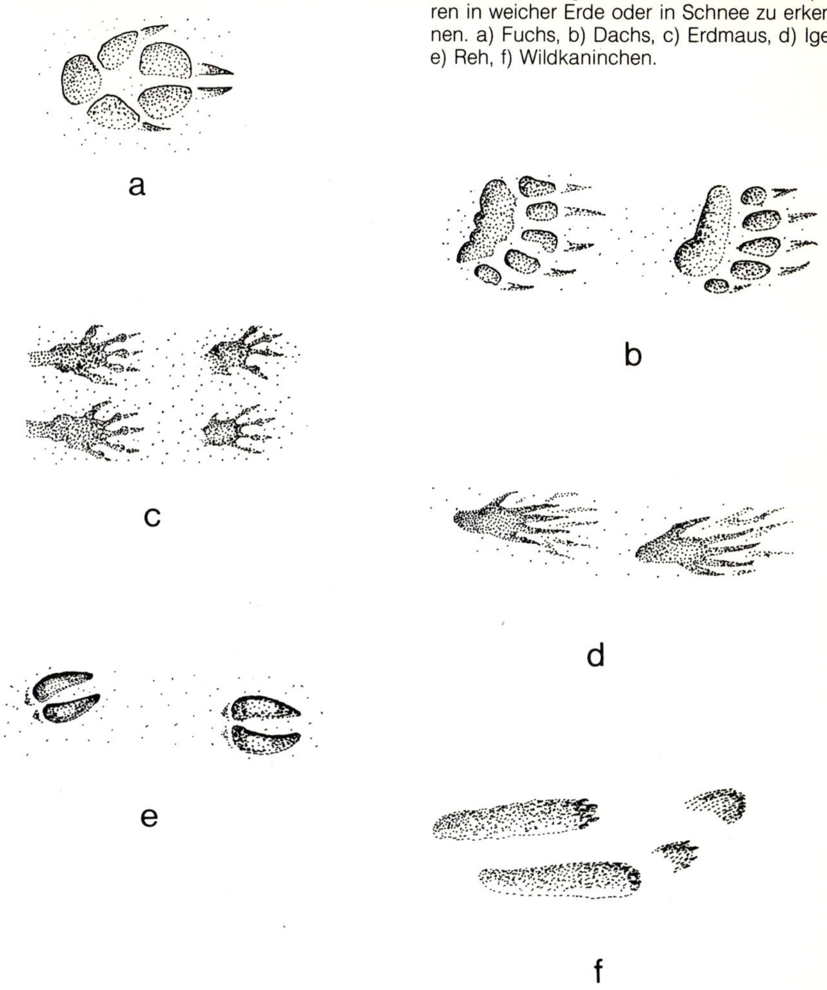

Mit etwas Übung ist es nicht schwer, Tierspuren in weicher Erde oder in Schnee zu erkennen. a) Fuchs, b) Dachs, c) Erdmaus, d) Igel, e) Reh, f) Wildkaninchen.

Männliche Motten können über Hunderte von Metern durch die Duftstoffe des Weibchens angelockt werden! Dieser stark ausgeprägte Geruchssinn ist lebenswichtig. Er stellt sicher, daß sich die beiden Geschlechter zur Paarung finden.
Die meisten Motten fliegen nachts. Wenn man ein Licht im Wald aufstellt, werden Tausende von Nachtfaltern davon angezogen. Diese «Lichtfallen» dienen dazu, mehr über die Nachtfalter und ihre Lebensweise über längere Zeit hinweg zu erfahren.
Wegen ihrer Vielzahl sind Nachtfalter eine wichtige Nahrungsquelle für nächtlich lebende Insektenfresser. Tagsüber machen hauptsächlich Vögel Jagd auf Insekten – wie Fliegenschnäpper und Rotschwänze. Nachts ist die Fledermaus der Hauptfeind der Motten. Die häufigste Art, die Zwergfledermaus, ist gut an die Jagd auf nachtaktive Insekten angepaßt, was wir schon im Kapitel «Sehen und Hören» besprochen haben.
Andere wohlbekannte nachtaktive Tiere sind Waldkauz und Dachs. Weniger bekannt, der Landbevölkerung aber durchaus vertraut, ist die Waldschnepfe. Ihr Balzflug in der Morgen- und Abenddämmerung ist ein interessantes Erlebnis. Das Männchen zieht unter merkwürdig unregelmäßigen Flügelschlägen wankend weite Kreise und stößt dabei zwei Ruflaute aus.

Schnecken und Wegschnecken

Schnecken und Wegschnecken gehören zu den Gastropoden. Sie sind sich sehr ähnlich, jedoch fehlt bei den Wegschnecken das Schneckenhaus. Landschnecken sind vorwiegend nachtaktiv, da sie tagsüber zuviel Feuchtigkeit verlieren würden.

Bei der verbreiteten Gartenschnecke *(Cepaea hortensis)* gibt es viele Varianten in Färbung und Zeichnung des Gehäuses.

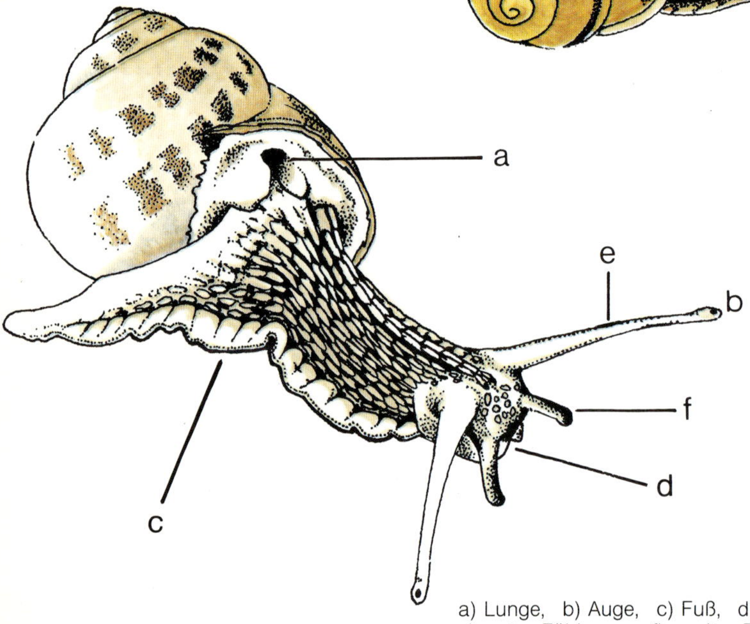

a) Lunge, b) Auge, c) Fuß, d) Mundhöhle, e) erstes Fühlerpaar, f) zweites Fühlerpaar.

Die flache Tellerschnecke ist in Weihern und Bächen zu Hause. Bei den Aquarienbesitzern ist sie sehr beliebt, weil sie einen unstillbaren Appetit auf Algen hat, die sich an den Aquarienwänden bilden.

Bernstein-Schnecken findet man auf feuchten Wiesen und in Bachnähe.

Viele Schnecken verschließen im Winter ihre «Tür» mit einem Deckel, dem Operculum, und versiegeln ihn mit Schleim.
Schneckeneier werden in die Erde oder unter Steinen abgelegt.
Junge Schnecken – ihre Gehäuse sind durchsichtig.

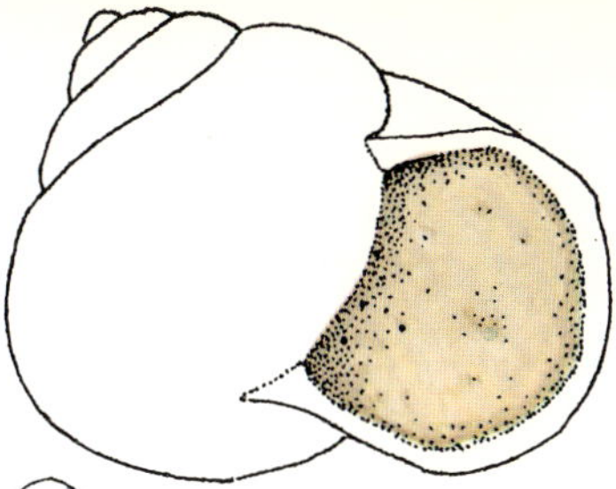

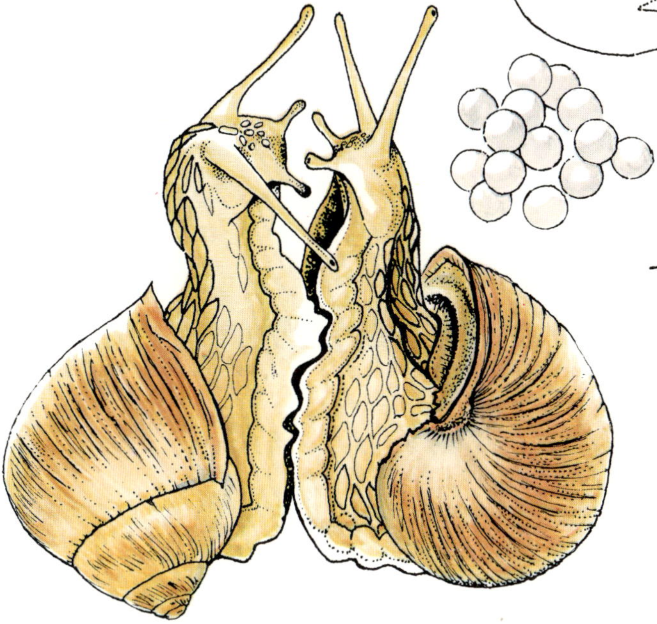

Weinbergschnecken *(Helix pomatia)* bei der Paarung. Schnecken sind meistens Zwitter, das heißt, sie sind Männchen und Weibchen zugleich.
Unten sieht man die Graue Feldschnecke *(Agriolimax agrestis)*. Sie kommt in England am häufigsten vor und ist ein großer Feld- und Gartenschädling.

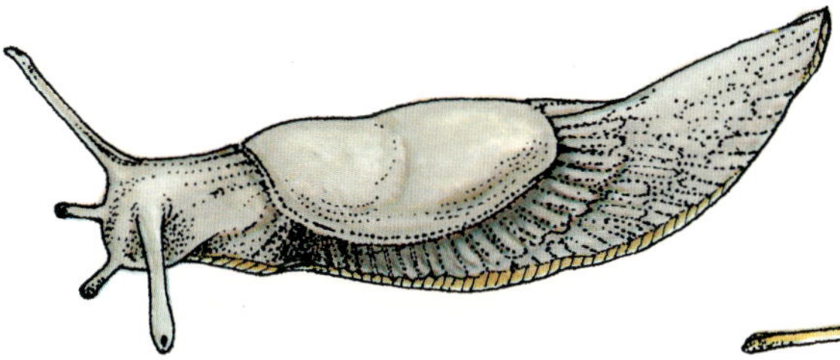

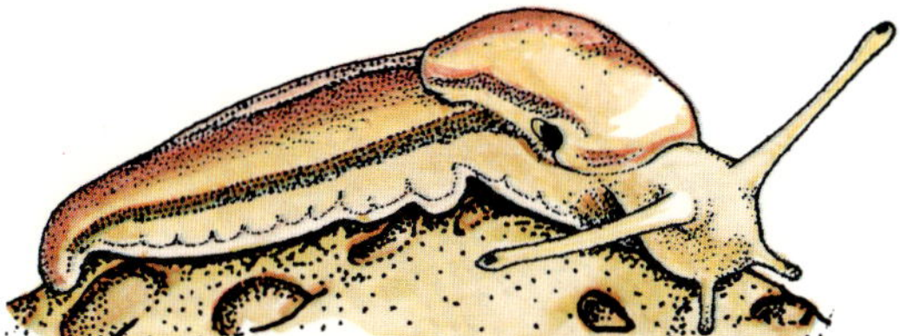

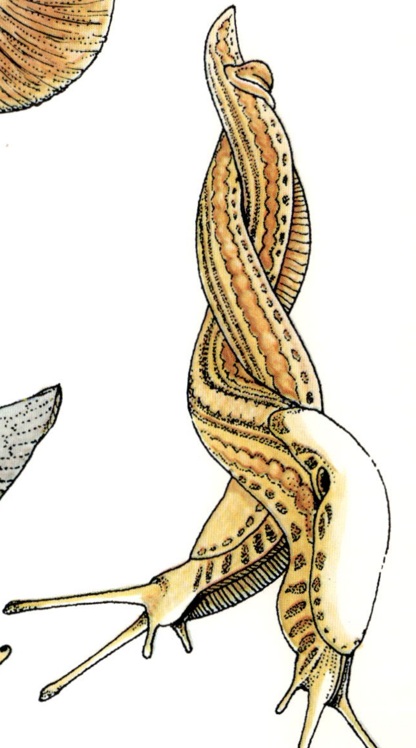

Oben frißt die Wegschnecke *(Arion subfuscus)* auf einem Pilz; gewöhnlich gleicht sie ihre Färbung dem Untergrund an und ist damit getarnt.

Bei der Paarung hängt die große Egelschnecke *(Limax maximus)* mit dem Kopf nach unten, den Partner umwunden, an einem Schleimfaden.

Ein Bergbach bei Tag

Ich mache eine Art Wallfahrt. Vom Eingang einer Schlucht aus, nicht weit von der Mündung des Baches in einen größeren Fluß, möchte ich den Bachlauf bis hinauf zu seiner sumpfigen Quelle oben im Moor verfolgen. Ich habe eine Angelrute bei mir, vielleicht kann ich Forellen angeln. Aber darauf versessen bin ich nicht. Der Bach ist seicht, der August ist trocken. Alle Bedingungen sind schlecht fürs Angeln.

Das Schönste an einem Bergbach ist der Klang, mit dem er rauschend über Schiefer- und Granitfelsen stürzt. Die Bäche im Süden des Landes sind auch wunderschön, aber meistens lautlos. Leute, die in einem engen Bachtal aufgewachsen sind, erzählten mir, daß sie das Bachrauschen vermissen, wenn sie wegziehen.

Hier unten fließt der Bach durch steile Abhänge bedeckende lichte Wälder. An manchen Stellen reichen die Äste mächtiger alter Bäume bis zur anderen Seite des Baches: Bergahorn, Birken, Kastanien und Eschen. Auf Lichtungen wachsen niedrigere Bäume über Farnkraut – graugrüne, struppige Korbweiden *(Salix viminalis)*, nicht höher als 3 bis 4 Meter, und die blühende Scharlach-Fuchsie läßt ihre dunkelroten Blüten über Tümpel und Sturzbäche hängen.

Gleich nach dem Rauschen des Baches liebe ich den Geruch der Kräuter und Bäume entlang des Ufers sehr: ein Geruch nach feuchtem Fall-Laub und nasser Erde, nach Gras, Farn, Flechten und Moosen. Es gibt kaum eine Pflanzengruppe, von der man sagen kann, sie habe diesen Planeten mehr bereichert als die Farne. Schon der Name läßt an Schatten, Feuchtigkeit, Kühle und Grün denken – alles, was eine Wüste nicht bietet. Es gibt eine Menge Farnarten hier. Neben dem Adlerfarn *(Pteridium aquilinum)* auf Lichtungen gibt es den Wurmfarn *(Dryopteris filix-mas)* mit fahlbraunen Sporenhäufchen auf der Unterseite der großen Wedel; der Rippenfarn *(Blechnum spicant)*, dessen Fiederblättchen gegen die Spitze des Wedels und gegen den Grund kleiner werden – wie die Zähne eines Kammes. Und, ja, hier ist sie, die Hirschzunge *(Phyllitis scolopendrium)* mit ihren langen, am Rand gewellten, fleischigen Blättern. Die Moose sind selbst in der Augusthitze noch grün und dicht. Hier breitet sich ein flacher Teppich aus *Eurhynchium praelongum*, dazwischen Gras und letztjährige tote Blätter; das Steife Laubmoos *(Mnium hornum)* steht aufgereiht wie Zinnsoldaten dunkelgrün und ziemlich düster. Die flachen Rasen wachsen auf Felsen und auf den Wurzeln der Bäume. Das schönste von allen, das zierlichste und hübscheste ist das Tamarisken-Thuja-Moos *(Thuidium tamariscinum)*.

Da fliegt gerade eine Wasseramsel auf. Ich habe gehofft, eine zu sehen – einen dicklichen schwarzbraunen Vogel mit weißer Brust, etwas größer als ein Spatz. Sie liebt die bergige Umgebung und die schnell fließenden Bergbäche. So unglaublich es klingt, sie kann unter Wasser am Grund entlang laufen. Wenn die Wasseramsel flußaufwärts mit dem Kopf nach unten auf Nahrungssuche ist, wird sie durch die Kraft der Strömung auf den Grund gedrückt.

Wie ich den Wald hinter mir lasse und anfange, die baumlosen Abhänge zwischen Heide, spärlichen Mispel-Büschen und reich tragenden Ebereschen hinaufzuklettern, sehe ich eine Gebirgsstelze, die auf einem flachen Stein unter einem kleinen Wasserfall knickst und hin und her stolziert. Sie ist hübsch anzusehen mit der graublauen Oberseite und der leuchtend gelben Unterseite. Durch ihren flinken, koketten Gang (sie hüpft nie), ihren wellenförmigen, ruckartigen Flug und vor allem durch ihren immerzu wippenden langen Schwanz erscheint sie uns besonders nett und reizend. Neben dem Bach an einer flachen sumpfigen Stelle wächst der Europäische Beinbrech *(Narthecium ossifragum)* – mit einer schütteren Traube gelboranger Blüten auf kahlem Stengel. Die langen, speerförmigen Blätter bleiben im Gras verborgen.

Jetzt wird es steiler, heißer und mühsamer. Hier steht ein Horst Besenginster mit reifen, aufgeplatzten schwarzen Schoten und Heidekraut. Ein großer Brachvogel ruft, und ein schwerer Hase mit schwarzen Ohrspitzen hoppelt eilig den Hang hinauf. Es gibt hier grün glänzendes Lebermoos – *Preissia quadrata*, glaube ich –, das die Seiten eines nassen Steins im Schatten überzieht; und graue und goldene Flech-

ten – Wand- oder Schüsselflechten (*Xanthoria aureola* und *Cladonia pityrea*). Nur eine Flechtenart wächst im Wasser – *Dermatocarpon aquaticum* – kleine, einzelnstehende, rundliche und am Rand gewellte Scheibchen.
Hoch oben am Hang liegt ein alter, aufgegebener Schiefersteinbruch, etwas unterhalb der Wasserscheide, wo sich der Bach auf kleine Rinnsale verteilt, die sich in schlammigfeuchte Torflöcher und nasses Gras ergießen. Ganz in der Nähe bildet der Bach einen kleinen Bergsee, nicht größer als ein Tennisplatz, jedoch gut 5 Meter tief. Hier ist es in der Hitze still und schattig. Das westliche Ufer wird von einem steilen Felsabhang gebildet, der mit Farn, Heidekraut, gelbem Stechginster und grünem Lebermoos bewachsen und immer von funkelnden Wassertropfen übersprüht ist.
Hier werde ich haltmachen. Mit den Schieferplättchen, die am Ufer herumliegen, möchte ich Männchen-übers-Wasser-hüpfen-lassen (oder nennt ihr das anders?). Es hat keinen Sinn, noch höher hinauf zu den Sümpfen und Torfstichen zu steigen. Ich werde auf einem bequemeren Weg zurückgehen, den Schafsteig hinunter und am Stausee vorbei. Zwei Meilen bin ich nun dem Bachlauf gefolgt, und das hat mich fast drei Stunden wirklich anstrengender Kletterei gekostet. Und wahrhaftig – das Angeln habe ich ganz vergessen. Nun, das ist eine gute Möglichkeit, an einem heißen Sommertag Forscher zu spielen.

Erklärungen zur nächsten Doppelseite

Pflanzen

1 Esche, 2 Berg-Ahorn, 3 Rot-Buche, 4 Kastanie, 5 Zitter-Pappel, 6 Schwarz-Erle, 7 Wald-Kiefer, 8 Hänge-Birke, 9 Gemeiner Wacholder, 10 Eingriffliger Weißdorn, 11 Weide, 12 Stechginster, 13 Echte Brombeere, 14 Scharlach-Fuchsie, 15 Kriechendes Netzblatt, 16 Europäischer Beinbrech, 17 Hirschzunge, 18 Wurmfarn, 19 Rippenfarn, 20 *Preissia quadrata,* 21 Tamarisken-Thuja-Moos, 22 *Camptothecium sericeum,* 23 *Mnium hornum*

Tiere

24 Rötelmaus, 25 Tannenmeise,
26 Nebelkrähe,
27 Großer Brachvogel,
28 Gebirgsstelze, 29 Zeisig,
30 Haubenmeise,
31 Wintergoldhähnchen,
32 Hänfling,
33 Zweigestreifte Quelljungfer,
34 Mohrenfalter

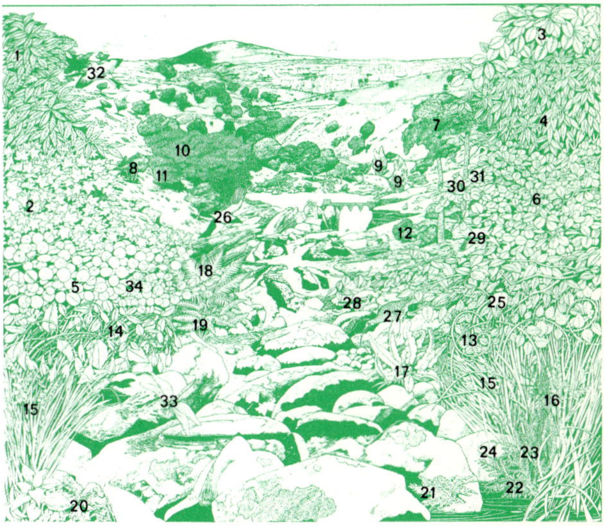

Lebensweisen im Wasser

Wie schon erwähnt, erwärmt sich Wasser langsamer als der Boden. Andererseits gibt das Wasser die Wärme auch langsamer ab. So ist das Wasser bei Nacht nur wenig kälter als bei Tag.

Die Sonne liefert auch Licht, und dieses Sonnenlicht brauchen die Pflanzen als Energiequelle für die Photosynthese – d.h. zur Verbindung von Kohlendioxyd aus Luft oder Wasser mit ihrer Blattsubstanz, wobei Sauerstoff frei wird. Diese Energieumwandlung kann nur bei Tag stattfinden. Wann aber nehmen im Wasser lebende Tiere Nahrung auf?

Das ist nicht so einfach zu beantworten. Viele Wassertiere durchlaufen während ihres Lebens mehrere Stadien, und die Nahrungsansprüche können in jedem Stadium anders sein. So leben z.B. die im ausgewachsenen Stadium so hübschen Libellen als Nymphen (Larven) räuberisch im Wasser.

Für ausgewachsene Libellen ist es am wichtigsten, einen Partner zu finden. Da bei Libellen der Gesichtssinn stärker ausgeprägt ist als der Geruchssinn, muß die Verpaarung bei Tageslicht stattfinden. Normalerweise erscheinen die Männchen am Morgen, befliegen einen bestimmten Gewässerabschnitt und verschwinden erst abends wieder. Die Weibchen besuchen dieses Gebiet nur kurz. Eine andere Art hingegen, die Kleinlibelle *(Lestes disjunctus)*, erscheint in großer Zahl erst am späten Nachmittag. Ihre Nymphen sind jedoch vor allem nachts aktiv.

Ausgewachsene Amphibien (Frösche, Kröten und Wassermolche) leben ganz anders. Sie sind nachtaktiv und verstecken sich tagsüber in Löchern oder unter Steinen und Klötzen. Am Abend wandern sie zu einer Wasserstelle und beginnen zu rufen. Was sie dazu anregt, ist unbekannt. Möglicherweise reagieren sie auf die am Abend sinkenden Temperaturen oder auf die Verminderung des Lichts. Bei zwei Arten, der Kreuzkröte *(Bufo calamita)* und dem Laubfrosch *(Hyla arborea)* weiß man bestimmt, daß ihre Ruffreudigkeit von der Wassertemperatur abhängig ist. Um Mitternacht, wenn sich das Wasser merklich abgekühlt hat, hören sie auf zu quaken.

Wenn man eine Pflanze in einer verkorkten Flasche, die mit Kohlendioxyd gefüllt ist, der Sonne aussetzt, wird das Kohlendioxyd mittels Photosynthese sehr schnell in Sauerstoff umgewandelt.

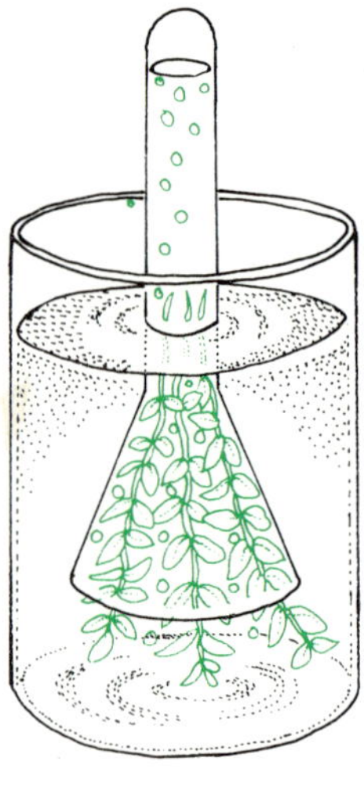

In Wasser, das mit Kohlendioxyd gesättigt ist (mit Hilfe eines Sodasiphons), entläßt Laichkraut Sauerstoffblasen, wenn man es in die Sonne stellt.

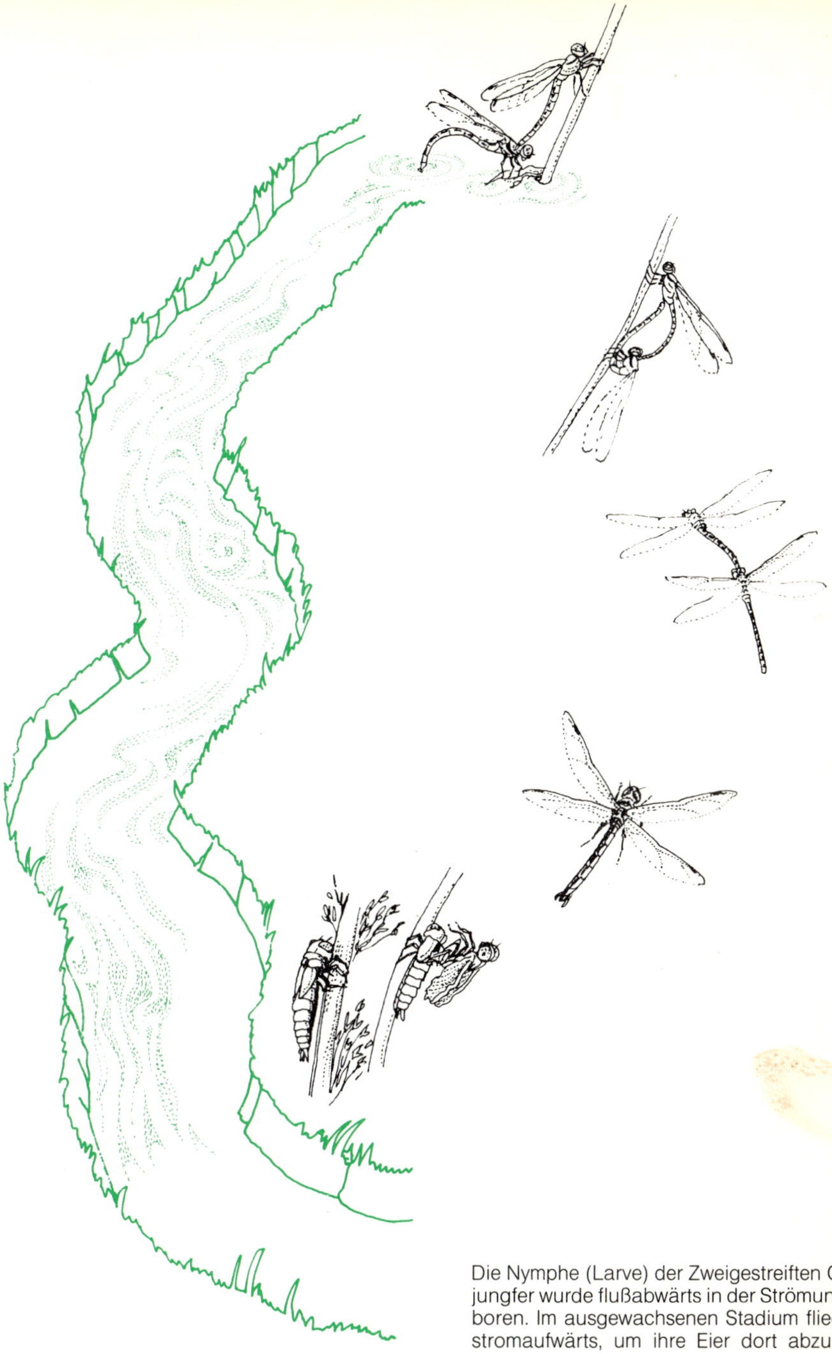

Die Nymphe (Larve) der Zweigestreiften Quelljungfer wurde flußabwärts in der Strömung geboren. Im ausgewachsenen Stadium fliegt sie stromaufwärts, um ihre Eier dort abzulegen (siehe Seite 87).

Fische zeigen ebenfalls tagesperiodische Verhaltensänderungen. Sie sind gewöhnlich nachts aktiver, wenngleich auch andere Rhythmen verbreitet sind. Es gibt zwei eng miteinander verwandte Kroppen-Arten (breitköpfige amerikanische Fische mit Stacheln), von denen einer *(Cottus gobio)* nur nachts aktiv ist, wogegen der andere *(Cottus poecilopsis)* während des Sommers nachtaktiv ist, im Winter aber auch tagsüber in Aktivität geraten kann, besonders bei bewölktem Himmel. Vermutlich reagiert er aber weniger auf eine innere Uhr als auf das verringerte Licht.

Wasserinsekten und ihr Lebenslauf

Die Larven von Wasserinsekten leben räuberisch. Sie greifen ihre Beute mit ihren kräftigen Mundwerkzeugen an. Einige sind hier abgebildet.

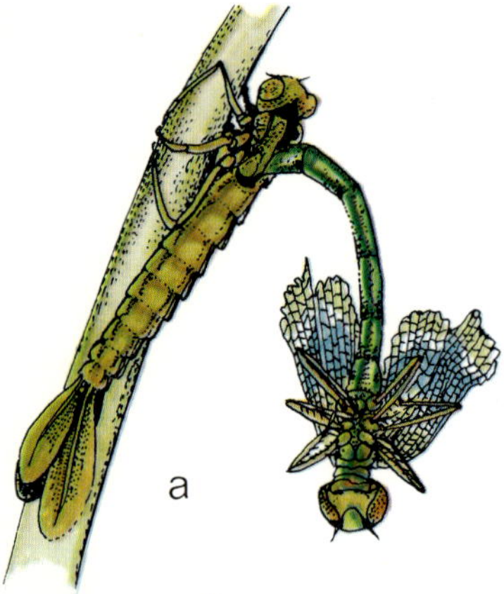

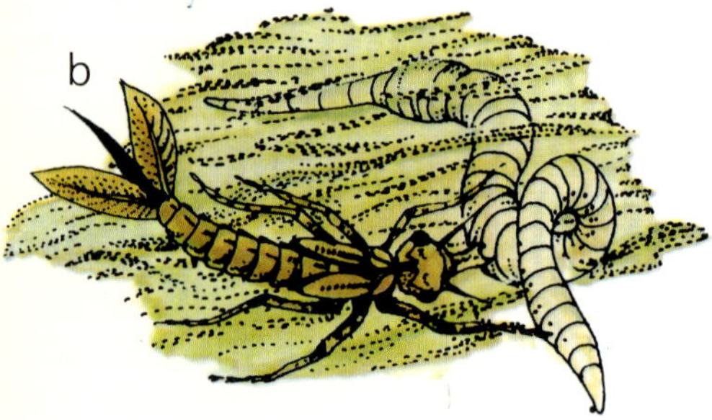

a) Eine Kleinlibelle arbeitet sich aus der Larve.

b) Sie frißt an einem Wurm. Diese Larve ist kleiner als die der Quelljungfer (siehe Seite 78). Sie benutzt ihre starke Unterlippe (Fangmaske), um ihre Opfer zu ergreifen.

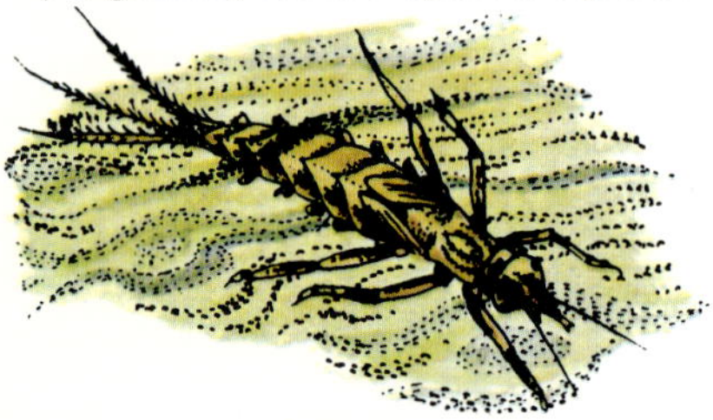

Die Larven der Eintagsfliege tauchen zwischen März und Mai auf. Sie sind gute Schwimmer und ernähren sich von Algen in Schlamm und auf Steinen.

Die Larven von Stein- oder Uferfliegen leben unter Steinen und auf dem kiesigen Bachgrund. Sie sind vorwiegend Pflanzenfresser.

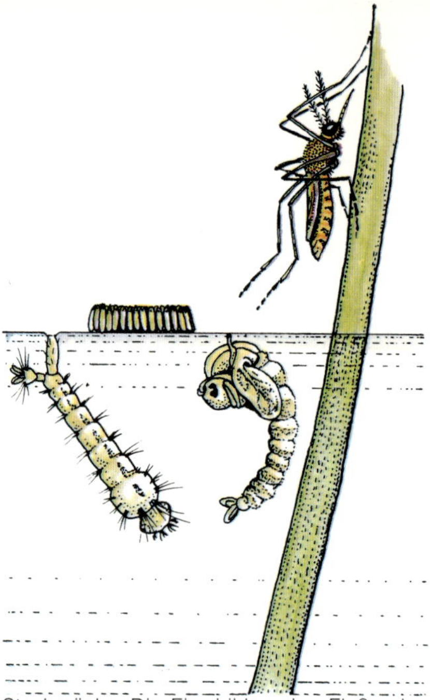

Stechmücke. Die Eier bilden ein «Floß», das sogenannte «Mückenschiffchen», und schwimmen auf der Wasseroberfläche, während die Larve (links) und die Puppe (rechts) an einer Atemröhre gleich unter der Wasseroberfläche hängen.

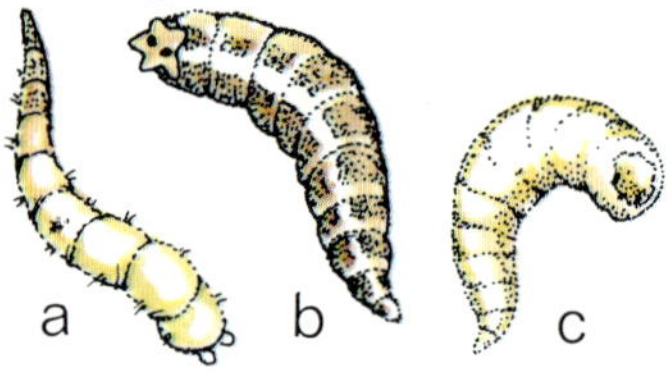

Maden. Das sind die beinlosen Larven der Fliegen.

a) Fliegenlarve *(Brachycera)*
b) Mückenlarve *(Nematocera)*
c) Schmeißfliegenlarve *(Calliphora)*

Die «Rattenschwanzlarve», die Larve der Schwebfliege *(Eristalis)*, hat eine lange Atemröhre, die teleskopartig ausgezogen werden kann.

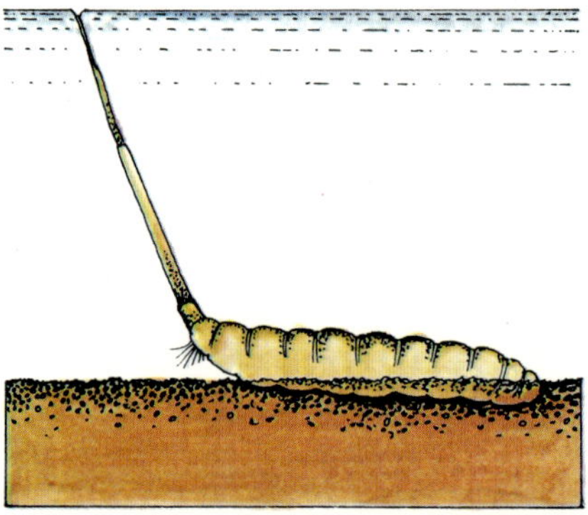

Käfer durchlaufen vier verschiedene Larvenstadien.

Die Taumelkäferlarve ist ein gefräßiger Räuber. Ihre Mandibeln sind als saugende Zangen ausgebildet.

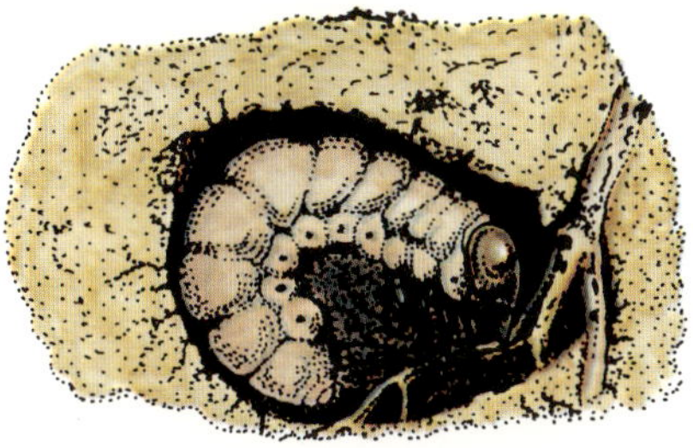

Die Maikäferlarve (Engerling) braucht etwa drei Jahre, um sich zu einem ausgewachsenen Käfer zu entwickeln. Sie ernährt sich unter der Erde von kleinen Würzelchen.

Laubkäferlarven fressen an den Blättern von Pflanzen. Sie haben drei kräftige Beinpaare. Der Kartoffelkäfer ist ein Vertreter dieser Gruppe.

Die Larven der Haselnußbohrer haben keine Beine, besitzen jedoch kräftige Kiefer. Sie ernähren sich hauptsächlich von den Wurzeln der Bäume und können großen Schaden im Wald anrichten.

Die Larven des Zünslers *Nymphula* leben im Wasser. Sie stecken in einem flottierenden Köcher aus Blattstückchen. Von hier aus fressen sie an der Unterseite von Wasserpflanzenblättern.

Die Wachstumsstadien der Feldheuschrecke *(Chorthippus brunneus)*. Heuschrecken legen

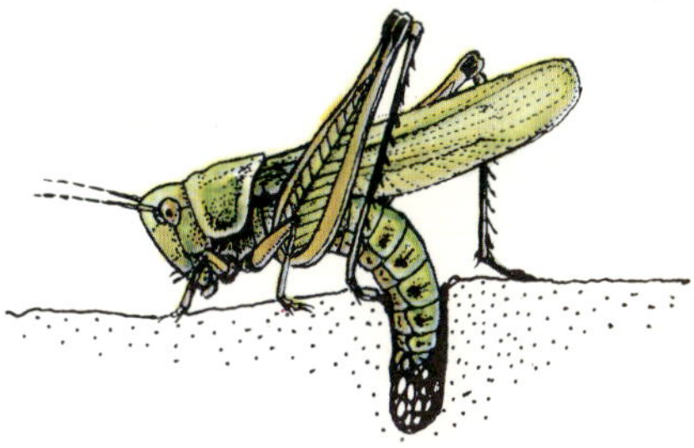

die Eier im Boden ab. Die Larve schlüpft als winziges Wesen mit Beinen. Sie durchläuft verschiedene Stadien, und in jedem Stadium wird sie den Erwachsenen ähnlicher. Die Flügel sind der letzte Teil ihrer Entwicklung.

Ein See bei Einbruch der Nacht

In einer halben Stunde wird es dunkel sein an diesem See mitten in den Bergen der Insel Man. Es ist ein Stausee, ein knapper Kilometer lang und 200 bis 300 Meter breit. Jetzt, Ende September, tragen die Hecken Brombeeren, und an der einsameren Ostseite des Gewässers gibt es da und dort Pilze. An der Westküste der Insel, etwa 10 bis 12 Kilometer entfernt, war es tagsüber stürmisch mit heftig jagenden Wolken. Hier jedoch, in diesem engen Tal unterhalb des Moores, inmitten der Berge, ist es ruhiger – so ruhig, daß man die Kreise im Wasser sehen kann, die von den Fischen verursacht werden. Forellen aus dem See ziehen in großer Zahl die Flüsse hinauf, aber anscheinend ist es noch etwas zu früh dazu. Obwohl ich mich nicht danach gefragt habe, betrachte ich immer wieder zweifelnd den langen, steilen, glatten Abhang an der Mündung am Ende des Dammes. Ob die Fische den wohl schaffen? Nun, was soll's – ich will ja nicht angeln. Hoch über dem Wasserspiegel, nach Nordosten zu, erhebt sich der langgestreckte Gipfel des Carraghan – er ist zwar nur gut 500 Meter hoch, aber bezwingen mußte ich ihn doch, um hierher zu gelangen – bergauf und bergab. Das hat mir gereicht! Die Sonne scheint noch da oben auf Farn und Heidekraut, während es hier, mehr als 300 Meter tiefer, schon fast dunkel ist.

Ich blicke über den Damm auf das nahe Ufer, und dort in den Gräsern und Büschen, die auf den einzelnen oberen Steinen am Stauseeufer wachsen, kann man eine große Schar Trauerbachstelzen erkennen, die an den Großstadttrubel zur Stoßzeit erinnert. Es müssen etwa vierzig oder fünfzig sein, die dort laufen, picken und in die Luft schnellen, um Fliegen zu fangen. Es sind keine Zugvögel; wenn sie sich jedoch wie gerade jetzt zusammenscharen, ziehen sie meistens südwärts. Es ist gut möglich, daß sie von Schottland heruntergekommen sind. Wegen ihrer pfeifenden Rufe, ihrer Sturzflüge und ihrer fröhlichen, netten Art erinnern sie mich an die Perlen in einem großen Glas Champagner. Für ein Weilchen bringen sie etwas Glanz in diesen ziemlich trüben Abend.

Um so mehr als sich der Reiher nicht zeigen will. Er ist wohl beim Fischen, nehme ich an. Er watet dabei in ziemlich seichtem Wasser und stochert mit seinem langen Schnabel darin herum. Es ist eine Schande, daß Reiher Gefahr laufen, in fischreichen Gewässern abgeschossen zu werden, was zur Folge hat, daß die ganze Art hier in England besonders vorsichtig und scheu geworden ist. Bei einigen überseeischen Verwandten ist das nicht der Fall, wie z.B. in Florida. In einer Brutperiode verfüttert ein Reiher in wenigen Tagen Hunderte von Jungfischen an seine Brut. Dieser Reiher verzieht sich jetzt, wo es dunkel wird. Er hat geschickt die Deckung aus Weidengestrüpp ausgenutzt, das an der Mündung des Baches am oberen Ende des Staubeckens wächst. Und nun fliegt er über den See mit ausladend kräftigen Flügelschlägen, den Hals S-förmig zurückgebogen, die Beine nach hinten ausgestreckt. Er entschwindet langsam über die dämmerigen, lärchenbewachsenen Hügel im Westen.

Außer den Bachstelzen scharen sich hier noch andere Vögel zusammen, allerdings im offenen Gelände, etwas entfernt von hier. Ich mache mich auf den Weg, um mir die Rotdrosseln anzusehen. Sie sind gewöhnlich scheu und fliehen rasch, aber mit meinem Fernglas kann ich sie gut beobachten. In Gesellschaft mit Brachvögeln, Wacholderdrosseln und ein oder zwei Regenpfeifern sind sie auf Nahrungssuche in den grünen Wiesen. Sie ähneln der Singdrossel, mit ähnlich gefleckter Brust. Es sind ja auch tatsächlich Drosselvögel. Das erste, was die meisten Leute an ihnen wahrnehmen, ist der auffallende rahmfarbene Überaugenstreif und die kastanienbraune Flankenfärbung. Sie brüten weit oben im Norden, in Island und Norwegen und kommen jetzt in Scharen nach Süden. Sie bevorzugen die offene Landschaft. Plötzlich – ich bin noch fast 50 Meter entfernt – fliegen sie auf. Ich muß sie wohl erschreckt haben. Sie zeigen dabei ihre kastanienbraunen Unterflügel, die ihnen zu ihrem Namen verholfen haben. Sie fliegen über den See, und ein einsamer, braungefleckter Rotschenkel, der zwischen den Steinen herumstochert, fliegt aus Sympathie auch auf, läßt sich aber bald darauf wieder nieder.

Es ist fast dunkel, als ich am nördlichen Ende des Staubeckens ankomme, und ich mache mich daran, den Carraghan nochmals zu erklimmen – diesmal nicht über den Gipfel, sondern über die westliche Flanke. Drunten liegt der See still und silbern, während hier oben der Wind übers Moor fegt. Seen erscheinen uns oft als ernste, stille, düstere Orte, die von Bäumen umgeben sind und in der Dämmerung glitzern. Das ist ein gutes Beispiel, wie durch Lage und Klima eine Vorstellung geprägt wird. Die britischen Seen liegen fast alle in den Bergen, und hier im Norden Europas bedeutet das Abgeschiedenheit, Schatten und oft auch Nadelwälder. Weiter südlich, dem Mittelmeer zu, ist das anders – da tanzen der blaue Genfersee und der Lago Maggiore in der Sonne. Heute abend erscheinen sie mir sehr weit entfernt.

Ich komme am westlichen Bergabhang heraus und sehe zwei Kolkraben – keine Saatkrähen, Nebelkrähen oder Dohlen, sondern große Kolkraben mit riesigen Schnäbeln und zottigen Kehlfedern. Sie streiten und reißen an einer Mahlzeit. Sie bemerken mich und flattern schwerfällig davon. Für einen Augenblick heben sie sich gegen die sanft schimmernde, noch weit entfernte Wasserfläche ab. Ich freue mich auf Tee, Wärme und Licht.

Erklärungen zur nächsten Doppelseite

Pflanzen

1 Fichte, 2 Stechginster, 3 Echte Brombeere, 4 Gemeines Schilf, 5 Breitblättriger Rohrkolben, 6 Blut-Weiderich, 7 Hoher Ampfer, 8 Sumpf-Knöterich, 9 Dreiblättriger Fieberklee

Tiere

10 Graureiher, 11 Rotschenkel, 12 Kolkrabe, 13 Großer Brachvogel, 14 Bachstelze, 15 Wacholderdrossel, 16 Goldregenpfeifer

Leben in Flüssen

Die meisten Insekten im Wasser sind nachtaktiv, wodurch sie Räubern wie Fisch und Graureiher entgehen. Man kann diese nächtlichen Aktivitäten veranschaulichen, indem man bei Tag ein feinmaschiges Netz durch die Flußmitte zieht und dann das Experiment nachts wiederholt. Während der Dunkelheit wird man viel mehr Lebewesen im Netz finden. Viele Arten sind gerade, nachdem es dunkel geworden ist, und dann wieder vor Morgengrauen besonders rege.
Mit dem Wechsel der Jahreszeiten kann sich diese Aktivität erhöhen. Es gibt ein winziges Tier, das in den Mündungsgebieten der Flüsse lebt, mit Namen *Hirschmannia viridis.* Es ist nachtaktiv. Im Winter hat es zwei Aktivitätshöhepunkte pro Nacht, im Sommer jedoch nur einen. Ist dies nun so, weil die Sommernächte kürzer sind oder weil es im Winter weniger Futter gibt und *Hirschmannia* zwei Anläufe machen muß, um seinen Hunger zu stillen? Oder ist es wieder die innere Uhr? Das ist schwer zu sagen. Selbst bei Tieren wie dem Süßwasser-Krebs *Gammarus,* der zwei Aktivitätsgipfel hat und noch zwei weniger ausgeprägte dazwischen, könnte man annehmen, daß die Pausen eher durch die Zeit der Verdauung aufgenommener Nahrung bedingt sind, als daß sie von einer inneren Uhr gesteuert werden.
Es gibt eine Köcherfliege, *Potamophylax luctuosus,* die während ihres Lebens verschiedene Stadien durchläuft. Zuerst lebt sie in einem Köcher, hergestellt aus Pflanzenmaterial, im Flußbett; danach sucht sie sich einen dunklen Platz, an dem das Wasser langsamer fließt, und bezieht einen Köcher aus Steinchen. Diese Köcherfliege ist immer nachtaktiv, in ihren frühen Entwicklungsstadien scheint sie aber keine innere Uhr zu besitzen. In späteren Stadien ist dieser Zeitgeber entwickelt, denn selbst unter Bedingungen mit gleichbleibendem Licht behält sie ihren Rhythmus von Aktivität und Ruhe bei.

a) Eintagsfliegen sind zarte Wesen mit zerbrechlichen, durchsichtigen Flügeln. Im Gegensatz zur Stein- oder Uferfliege sind ihre Flügel in Ruhestellung aufgestellt. Wenn sie aus der Larve geschlüpft sind, müssen sie noch eine weitere Verwandlung durchmachen, bevor sie in der Lage sind, richtig zu fliegen. Das ist bei keinem anderen Insekt im ausgewachsenen Stadium der Fall.

b) Steinfliegen bewohnen denselben Lebensraum wie Eintagsfliegen. Sie sind jedoch viel robuster als diese.

c) Die Köcherfliege *Phryxanea grandis* ist eine der größten ihrer Gattung. Man findet sie an Seen und großen Flüssen.

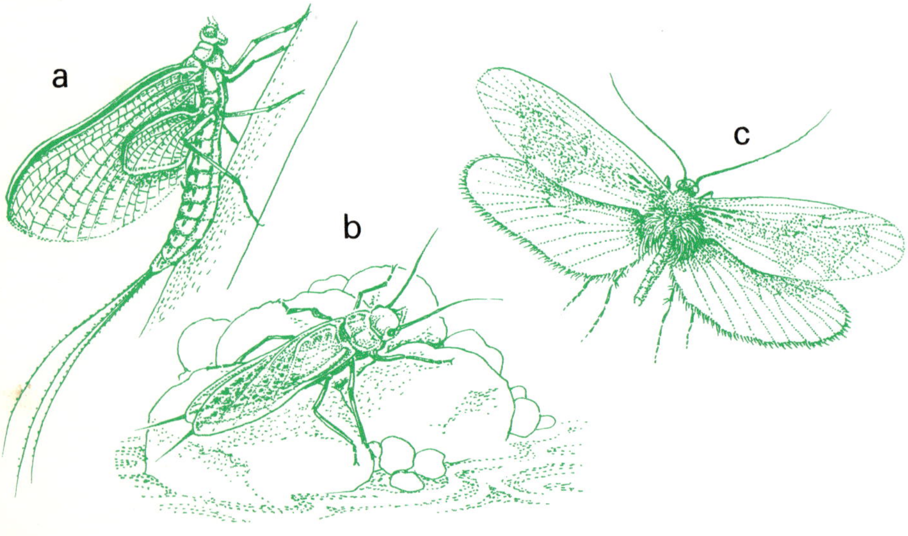

Köcherfliegenlarven sind bekannt für ihre Fähigkeit, schützende Köcher aus verschiedenen Materialien zu bauen. Manche bauen jedoch keine Häuser, und andere spinnen Netze, um ihre Beute damit zu fangen. Es gibt Hunderte von Arten, man kann sie schwer bestimmen. Hier wird eine kleine Auswahl gezeigt.

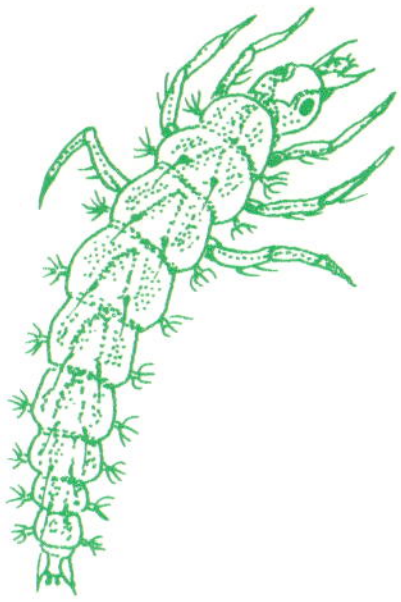

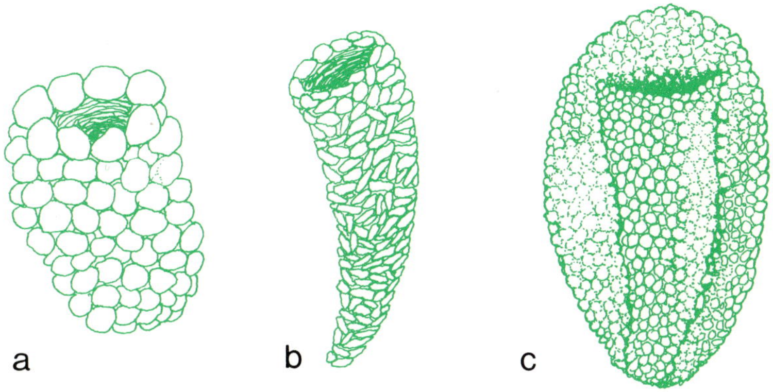

a b c

a) *Agapetus fuscipes,*
b) *Odontoceros albicorne,*
c) *Molanna angustata,*
d) *Brachycentrus subnubilus.* Die Larven verankern ihre Köcher an Pflanzen.
e) *Limnophilus flavicornis,* mit einem Köcher, der vollständig aus Schneckenhäusern besteht.
f) *Anabolia nervosa.*

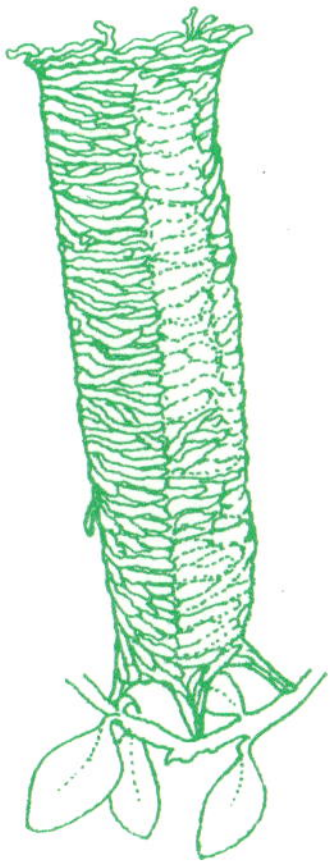

d

e

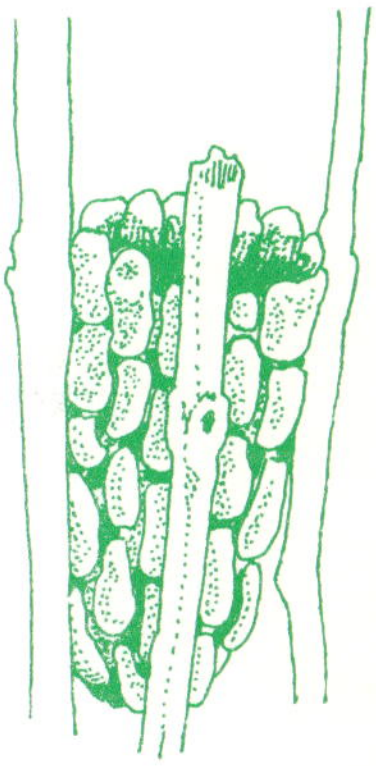

f

Wenn so viele Tiere nachtaktiv sind und von der Strömung flußabwärts getragen werden, warum findet man dann überhaupt noch Lebewesen in den oberen Bereichen der Flüsse? Das kommt daher, daß sie im ausgewachsenen Stadium das Wasser verlassen und fliegen können. Sie fliegen dann wieder flußaufwärts, um dort ihre Eier abzulegen. So werden die oberen Flußabschnitte laufend wieder mit neuen Larven versorgt.

Moose und Flechten

Moose bilden mit den Lebermoosen einen umfangreichen Teil des Pflanzenreichs, die Bryophyta. Viele kann man auf feuchten Stellen, andere wieder auf Mauern und Steinen antreffen.

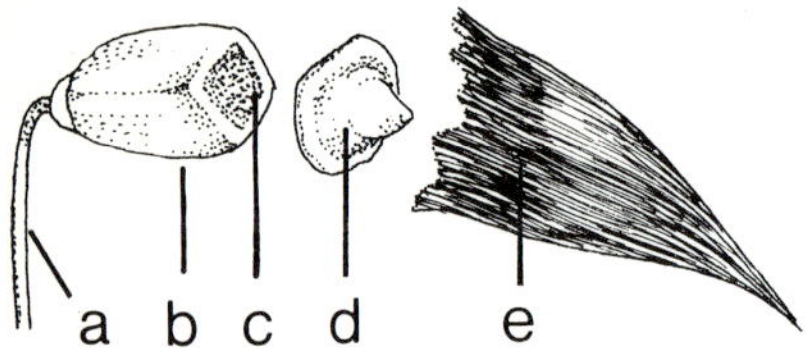

a) Kapselstiel, b) Kapsel, c) Sporen, d) Kapseldecke, e) Haube.

Wenn die Mooskapsel reif ist, fällt die Haube ab, der Kapseldeckel springt, und die Sporen werden vom Wind herausgeschüttelt.

Goldenes Frauenhaar *(Polytrichum commune)*. Es wächst im Gebirge auf Heideland, an Waldbächen und auf Lichtungen.

Purpur- oder Hornzahnmoos *(Ceratodon purpureum)* wächst in allen Höhenlagen auf Mauern und Felsen.

Besen-Gabelzahnmoos *(Dicranum scoparium)*. Dieses Moos wächst in Nadelwäldern auf Felsbrocken, Steinen, auf Baumstämmen, vom Tiefland bis zu 3000 m Höhe.

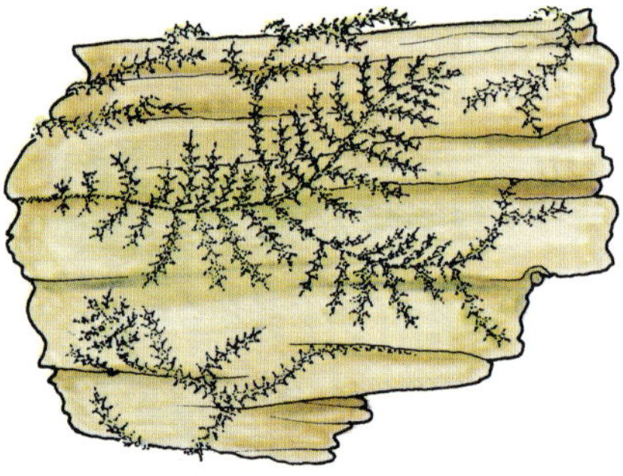

Etagenmoos *(Hylocomium splendens)* wächst in feuchten Wäldern, an Grashängen, auf abgestorbenem Holz und toten Pflanzen.

Lebermoose findet man hauptsächlich auf sehr feuchten Standorten. Im Gegensatz zu den Laubmoosen bestehen sie aus flachen, scheibenförmigen «Thalli».

Flechten sind wahrscheinlich die Pflanzengruppe mit der größten Verbreitung. Tatsächlich sind sie eine Lebensgemeinschaft von Pilzen und Algen. Diese leben zusammen und sind voneinander abhängig.

a) Algenzellen

b) Pilzhyphen

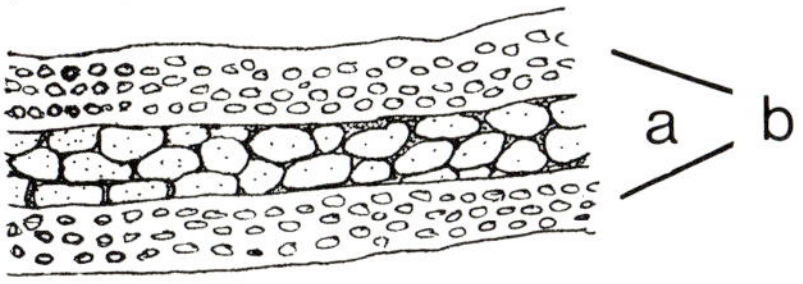

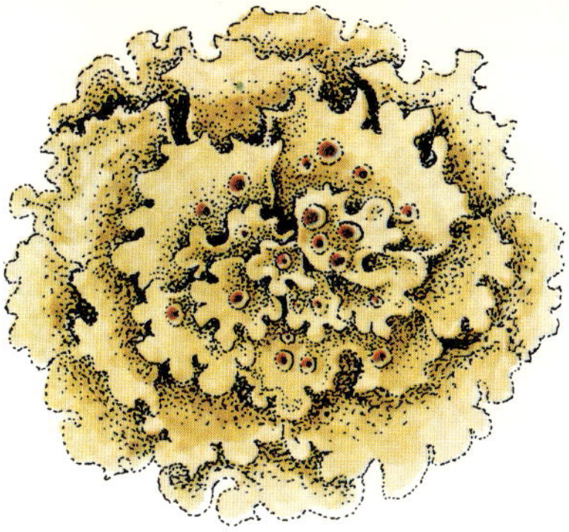

Die Rindenflechte *Xanthoria parietina* wächst auf allen Höhenstufen an Bäumen, Felsen und Mauern. Sie bildet hübsche Rosetten. Oft kann man sie auch in Meeresnähe finden.

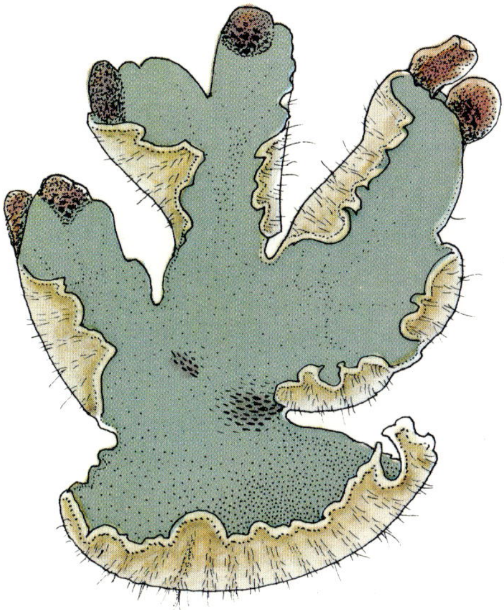

Die Blattflechte *Peltigera* wächst auf moosbedeckten Felsen an freien Stellen.

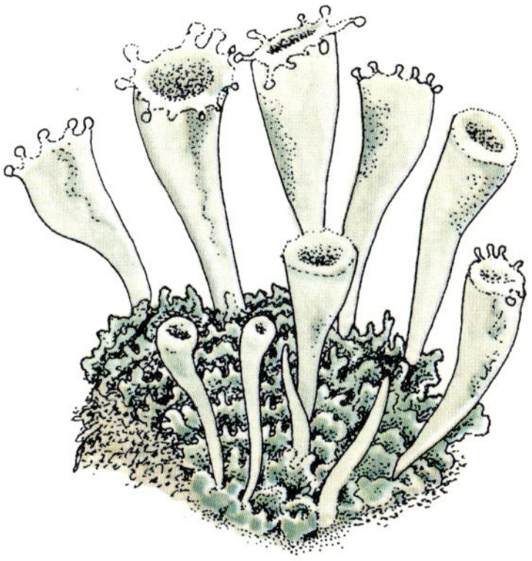

Die Strauchflechte *Cladonia fimbriata* wächst in Wäldern und auf Heideland auf verfaultem Holz und moosbedeckten Felsen und liebt trockene Standorte.

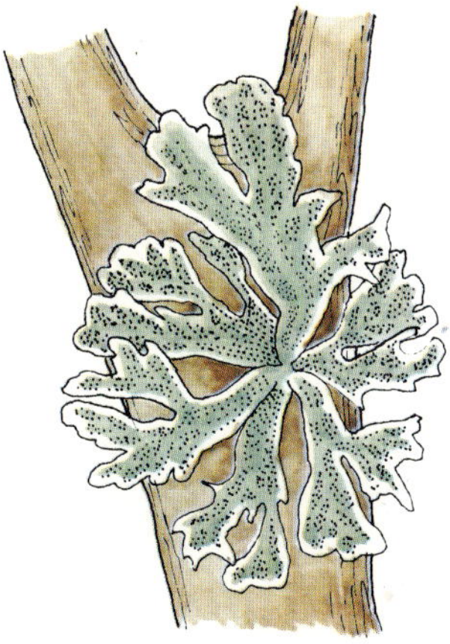

Die Strauchflechte *Hypogymnia* bildet ausgedehnte Überzüge an Stämmen und Ästen. Man findet sie häufig im Vorgebirge und im Flachland.

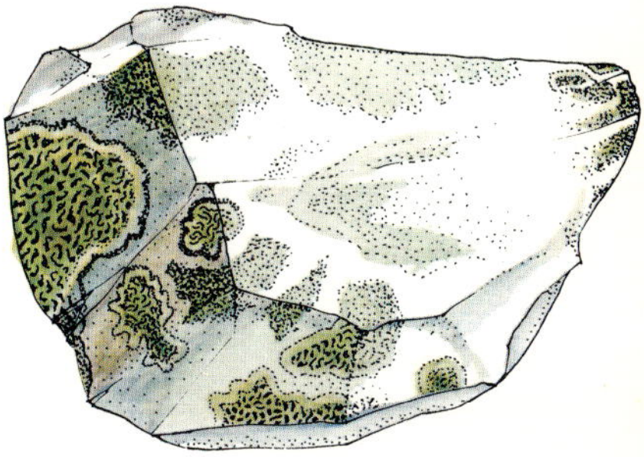

Die Krustenflechte *Rhizocarpon geographicum* kann man auf Granitbrocken im Gebirge finden.

Eine Felsenküste bei Tag

Es gibt viele Arten von Küsten, jede mit besonderem Charakter und besonderen Merkmalen. Die flache Küste von Essex, die Sandstrände von Sussex und Dorset, die Schieferklippen von Cornwall, die Klippen aus Kalkstein, die steilen, roten Schluchten von Devonshire, die wilde Felsenküste Westschottlands – um nur einige zu nennen. Strandlaufen ist immer reizvoll. Selbst die bekannten Seetang-Arten wie die Braunalge *Chorda filum,* die nicht überleben kann, wenn sie länger der Luft ausgesetzt ist, oder der Blasentang *(Fucus vesiculosus)* mit seinen dunkelbraunen Armen oder die auffallend karmesinrote *Griffithsia flosculosa* sind es wert, von uns beachtet zu werden.

Vor langer Zeit, vor fünfzig Jahren oder noch früher, sammelten die Kinder Seetang, klebten ihn auf eine Karte und stellten so dekorative Bilder her. Das ist noch genauso hübsch, wie es früher war, wie auch das Sammeln von ausgefallenen Steinen und Muscheln. Doch möchte ich kurz dazu noch etwas sagen: Töte kein Lebewesen, weil du das Gehäuse besitzen willst! Als ich auf Tahiti war, gab es in den Lagunen riesige wunderschöne Muscheln. Viele Touristen tauchten danach und brachten dann das lebende Tier darin um, mit Methoden, die ich grausam fand und auch heute noch finde – z.B. warfen sie die Muscheln in kochendes Wasser oder ließen sie einfach am Strand liegen. Ein Tier schmerzlos zu töten, um es zu essen, erschien mir immer gerechtfertigt, aber es nur umzubringen, weil man sein Gehäuse oder sein Fell für Dekorationszwecke haben will, erscheint mir nicht richtig.

Ich sitze am Rand einer hohen, steilen Klippe und blicke auf die Irische See. Es ist um die Mittagszeit an einem sehr heißen Augusttag. Die Bienen summen im Heidekraut, und die ruhige See liegt vor mir wie ein riesiges blaues Feld.

Zu meiner Linken, rechtwinklig von meinem Sitzplatz aus, gibt es noch eine gut hundert Meter steil abfallende Klippe, auf der sich etwa dreißig Alpenkrähen herumtreiben. Ich habe Glück, daß ich sie beobachten kann, denn sie sind ziemlich selten geworden. Man findet sie nur noch an bestimmten Plätzen entlang der Küste von Wales, Man, Schottland und Irland. Sie halten sich gern auf Klippen auf, aber es scheint, als suchten sie ihre Nahrung lieber oben auf den Feldern als unten an der Küste. Wie Elster und Saatkrähe gehören sie zu den Rabenvögeln, sind jedoch viel hübscher und interessanter in ihrem Verhalten. Sie haben ein glänzend blau-schwarzes Gefieder, rote Füße und einen langen, roten, an der Spitze nach unten gebogenen Schnabel. Ihre Handschwingen – das sind die großen langen Federn am Flügelende – werden beim Segeln weit gespreizt. Ihre Kunstflüge in der Luft sind ein ergötzliches Schauspiel.

Die Klippe besteht aus Schiefergestein, und an vielen Stellen ist die glatte Oberfläche stark zerklüftet – eine ausgezeichnete Nistgelegenheit für bestimmte Seevögel. Zu dieser Jahreszeit, im August, sind die Felsbänder weiß von Vogelkot und übersät mit alten Nestern. Zur Zeit brüten hier nur noch die hübschen Eissturmvögel. Sie haben einen rundlichen Kopf und einen kleinen schwarzen Fleck – wie Lidschatten – um die Augen, so daß sie im Vergleich mit den kräftig gebauten, ovalköpfigen Seemöwen fast weiblich aussehen. Sie sind gute Schwimmer; auf dem Lande jedoch sind sie unbeholfen. In der Regel lassen sie sich nur auf dem Wasser oder auf Felsvorsprüngen nieder, wo sie leicht wieder abheben können. Tatsächlich verbringen sie die meiste Zeit ihres Lebens mit ausgebreiteten Flügeln, sanft segelnd, in der Luft. Sie brüten spät, später als alle anderen Seevögel, legen nur ein Ei und verlassen das einzige Küken etwa sieben Tage, bevor es flugfähig ist. So wird es eine Woche lang nicht gefüttert und muß sich von seinem überschüssigen Fett ernähren, bevor es fortfliegen kann.

Von meinem Standort aus kann ich die Eissturmvögel segeln sehen. Gelegentlich lassen sie sich auf den Klippenvorsprüngen nieder und fliegen dann wieder hoch über dem ruhigen blauen Meer. Ich kann auch die Jungen erkennen, jedes alleine in seinem Nest, großäugige, flaumige, graubraune Wesen. In vierzehn Tagen werden sie alle fort sein – auf hoher See in ihrem Element – und werden nur an Land kommen, um zu brüten.

Während ich so dasitze und beobachte, fliegt ein spitzflügeliger Turmfalke über die Felder und läßt sich auf einem freien Klippenvorsprung nieder. Wenn er gedacht hat, hier hätte er seine Ruhe, so hat er sich getäuscht, denn die Alpenkrähen fangen an, auf ihn zu «hassen». Sie fliegen nahe am Ruheplatz des Turmfalken vorbei, greifen ihn nicht direkt an, aber belästigen ihn und zeigen, daß sie ihn hier nicht haben wollen. Der Turmfalke hält das etwa zwanzig Minuten aus und fliegt dann verdrießlich wieder weg.

Ich liege auf dem Bauch, spähe über den Klippenrand und bewundere die Pflanzen: das hübsche See-Leimkraut *(Silene maritima)* mit den trockenen weißen Blütenbüscheln, die vom Wind zerzaust werden, einige Dänische Löffelkraut-Pflanzen *(Cochlearia danica)* mit breiten, weichen Blättern und kleinen weißen Blüten, die auf einem kleinen Fleckchen Sand wachsen, ein Knöterich *(Spergularia rupicola)* kriecht mit kleinen rosa Blüten über kurzes Gras. In einer Felsspalte wächst Milzfarn *(Asplenium marinum)* – eine trockene, buschige, widerstandsfähige, kleine Farnart, die ich sehr gern mag. Nur Meerfenchel *(Crithmum maritimum)* kann ich hier nirgends entdekken. Das macht nichts, ich werde nicht mehr danach Ausschau halten, damit ich nicht schwindlig werde. Was soll's, das Meer, die Eissturmvögel, die Alpenkrähen und die Bienen im Heidekraut entschädigen mich dafür.

Erklärungen zur nächsten Doppelseite

Pflanzen

1 *Fucus spiralis,* 2 Gemeiner Blasentang, 3 Knotentang, 4 Gemeine Meersaite, 5 *Pelvetia canaliculata,* 6 *Agropyron pungens* (Quecke), 7 *Silene maritima* (Leimkraut ssp.), 8 Dänisches Löffelkraut, 9 Milzfarn, 10 Meerfenchel, 11 *Spergularia rupicola,* 12 Gemeine Grasnelke, 13 Zierliches Schillergras

Tiere

14 Alpenkrähe, 15 Turmfalke,
16 Wanderfalke,
17 Eissturmvogel,
18 Sturmmöwe,
19 Wasserpieper,
20 Lachmöwe, 21 Purpurrose,
22 Seedahlie,
23 Gemeine Strandschnecke.
24 Strandschnecken,
25 Wellhorn,
26 Echte Miesmuschel,
27 Gemeine Napfschnecke,
28 Eßbarer Seeigel,
29 Gemeiner Seestern,
30 Warzenstern,
31 Taschenkrebs,
32 Bernhardskrebs,
33 Farbwechselnde Garnele,
34 Gemeine Seepocke

Gezeiten und innere Uhr

Die Probleme, die sich für landbewohnende Tiere aus dem täglichen Wechsel von Feuchtigkeit und Temperatur ergeben, stellen sich für Lebewesen im Wasser – z.B. in einem Weiher oder Fluß – nicht. In fließenden Gewässern besteht jedoch die Gefahr, von der Strömung mitgerissen zu werden. An der Meeresküste mit Ebbe und Flut gibt es neben der Gefahr, fortgeschwemmt zu werden, auch noch das Problem ständigen Wechsels von Feuchtigkeit und Temperatur. Noch dazu gehorchen die Gezeiten nicht dem einfachen Tag-Nacht-Rhythmus. Sie sind vom Mond abhängig, und jeden Tag verschiebt sich infolgedessen ihre Abfolge. Deshalb können wir bei Organismen der Meeresküste die komplizierteste innere Uhr erwarten, denn sie müssen nicht nur die Tageszeit kennen, sondern sich auch noch nach den Gezeiten richten.

Tatsächlich besitzen sogar die kleinsten einzelligen Pflanzen der Meeresküsten, die Diatomeen, eine innere Uhr.

Hantzschia virgata ist eine goldbraune Kiesel-Alge, die im Sand lebt. Da sie eine Pflanze ist, braucht sie Licht für die Photosynthese. Gleichzeitig darf sie nicht von der Ebbe ins Meer gespült werden. Diese winzige Pflanze kann sich in Bewegung setzen, und tatsächlich bewegt sie sich bei Ebbe durch den Sand an die Oberfläche und gräbt sich wieder ein, wenn die Flut kommt. Sie hat einen festen Auf-ab-Rhythmus, der selbst im Labor bei gleichbleibender Temperatur und Feuchtigkeit fortbesteht. Die Kiesel-Alge muß also eine innere Uhr besitzen. Diese Uhr ist aber nicht von der Sonne abhängig. Es ist eine Monduhr, und ein Mond-Tag ist etwa 50 Minuten länger als ein normaler Tag.

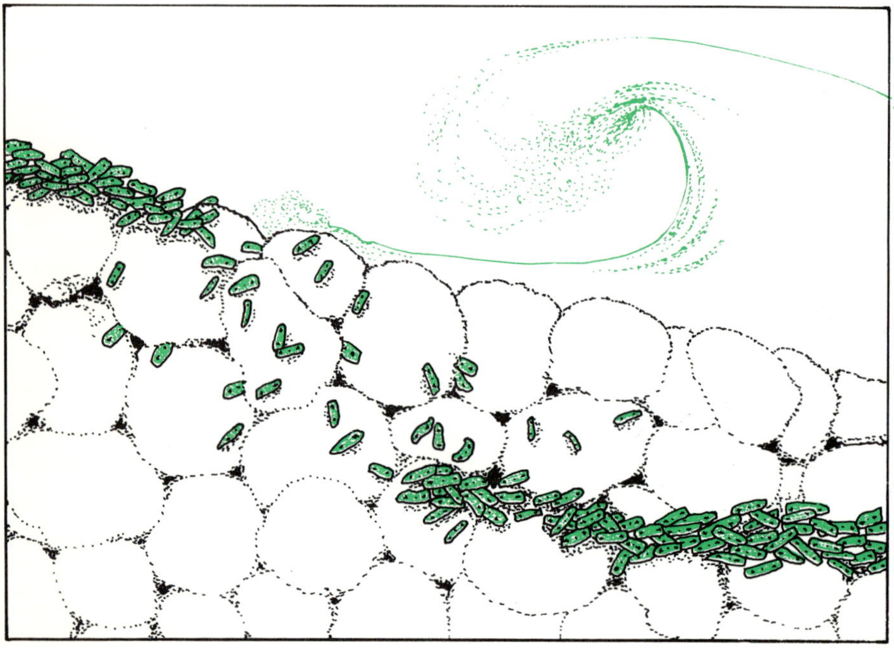

Einzellige Pflanzen, wie die winzigen Kieselalgen auf dem Bild, brauchen Sonne zur Photosynthese. Sie liegen bei Ebbe auf der Sandoberfläche, bei Flut graben sie sich einige Millimeter in den Sand ein.

Hier kann man die Zusammenballung der Chromatophoren in den Zellen eines Krebspanzers bei Nacht sehen. Bei Tag breiten sie sich in den Zellen aus und lassen den Krebs dunkler erscheinen.

Es gibt eine Krabbe, *Uca pugnax,* die am Strand lebt, und zwei Aktivitätshöhepunkte hat – einen bei Morgengrauen, einen bei Abenddämmerung. Wenn sie jedoch bei gleichbleibend dämmerigem Licht gehalten wird, verschiebt sich ihr Aktivitäts-Rhythmus täglich um 50 Minuten – er ist genau den Gezeiten angepaßt. Es scheint so, als wäre ihre innere Uhr auf Mondzeit eingestellt. Unter natürlichen Bedingungen am Strand wird sie jedoch jeden Tag neu in Abhängigkeit von Licht und Dunkelheit eingestellt.

Die meisten Krabben leben nach einem festgelegten Aktivitäts-Rhythmus. Die Winkerkrabbe lebt in einer Höhle und kommt bei Ebbe heraus, um sich von faulendem Tang zu ernähren. Wenn die Flut kommt, zieht sie sich in ihre Höhle zurück. Man könnte annehmen, daß die Uhr dieser Krabbe durch die ankommende Flut in Gang gesetzt wird, denn wenn das Tier zufällig in einen Tümpel gespült wird, der nur von der Springflut erreicht wird, kehrt sie zu einem normalen Tag-Nacht-Rhythmus zurück, bis die nächste Springflut sie erreicht.

Krabben können auch nach festgelegten Regeln ihre Färbung verändern. In ihrer Haut liegen besondere Zellen mit Farbstoff-Einlagerungen. Wenn diese sich im Zellenzentrum zusammenballen, erscheint die Haut hell, wenn sie sich jedoch in der Zelle ausbreiten, wird die Haut dunkler. Gewöhnlich sind Krabben bei Nacht hell und während des Tages dunkler. Die Winkerkrabbe aber hat neben dem Tag-Nacht-Wechsel auch noch die Gezeitenfolge in ihren Farbwechsel-Rhythmus eingebaut: bei Ebbe wird sie dunkler.

Pflanzen und Tiere an der Meeresküste

Oft kann man als angeschwemmtes Strandgut finden: Tintenfischknochen (sie werden an Käfigvögel verfüttert), die maulbeerähnlichen Eierschalen der Wellhornschnecke und Eierbehälter des Glattrochens.

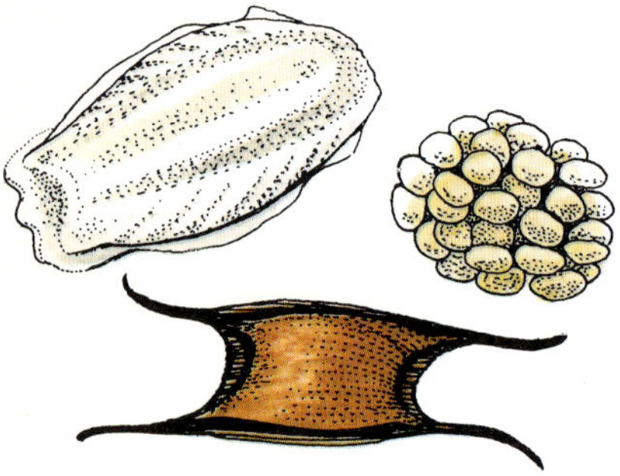

Der Rote Seestern ernährt sich von Muscheln und anderen Schalentieren, die er mit seinen kräftigen Saugnäpfen öffnen kann.

Die Seepocke sieht man sehr häufig auf Felsen. Bei Ebbe streckt sie ihre Rankenfüße aus der Schale, um Nahrung herbeizustrudeln.

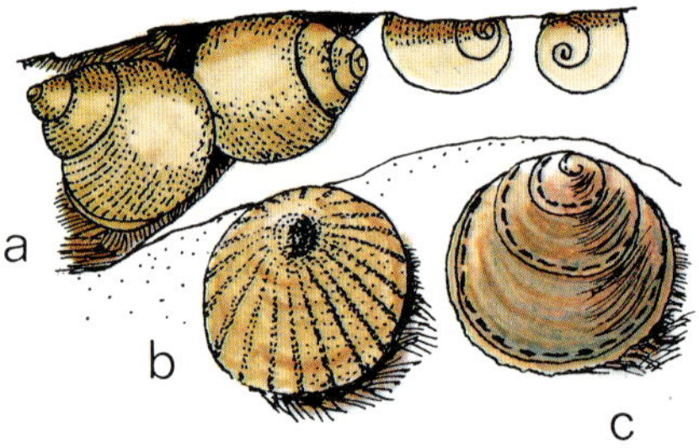

Verschiedene Gehäuse:

a) Strandschnecken.
b) Napfschnecke, sie klebt fest am Felsen, wenn sie gestört wird.
c) Kreiselschneckenhaus mit seinen hübschen Perlmutt-Farbbändern.

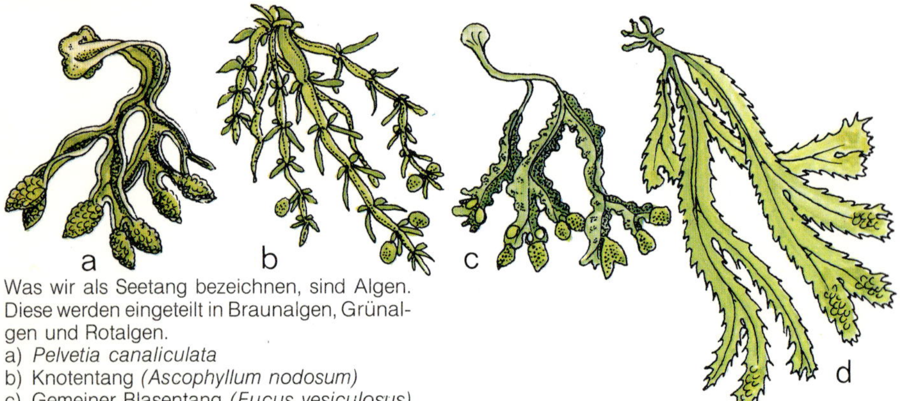

Was wir als Seetang bezeichnen, sind Algen. Diese werden eingeteilt in Braunalgen, Grünalgen und Rotalgen.

a) *Pelvetia canaliculata*
b) Knotentang *(Ascophyllum nodosum)*
c) Gemeiner Blasentang *(Fucus vesiculosus)*
d) Sägetang *(Fucus serratus)*

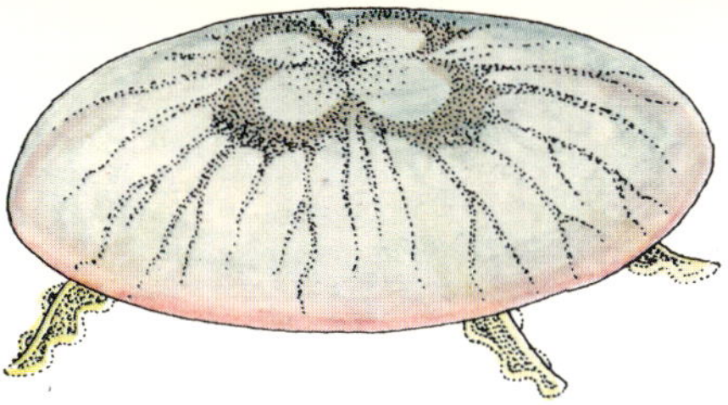

Die Ohrenqualle *Aurelia aurata* wird leicht von der Flut an den Strand gespült und löst sich dann schnell auf.

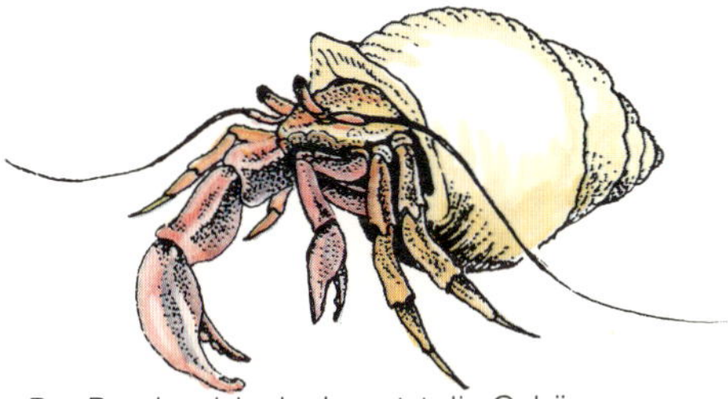

Der Bernhardskrebs benutzt die Gehäuse von Meeresschnecken (in diesem Fall eines der Wellhornschnecke), um seinen empfindlichen Hinterleib zu schützen.

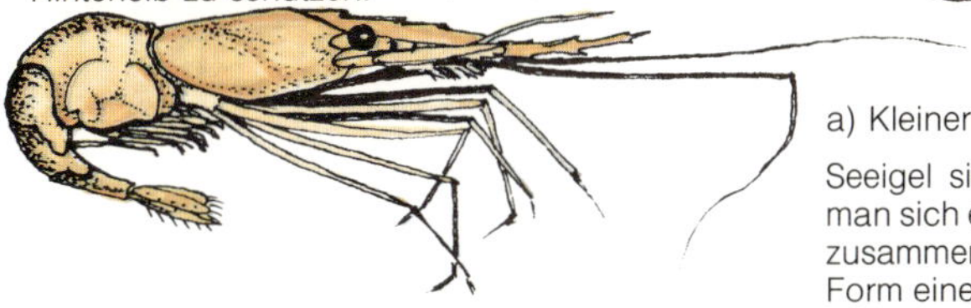

Die Sandgarhele *Crangon vulgaris* ist eines der häufigsten Krustentiere. Sie hält sich hauptsächlich im Seichtwasser auf, man findet sie aber auch im tiefen Wasser.

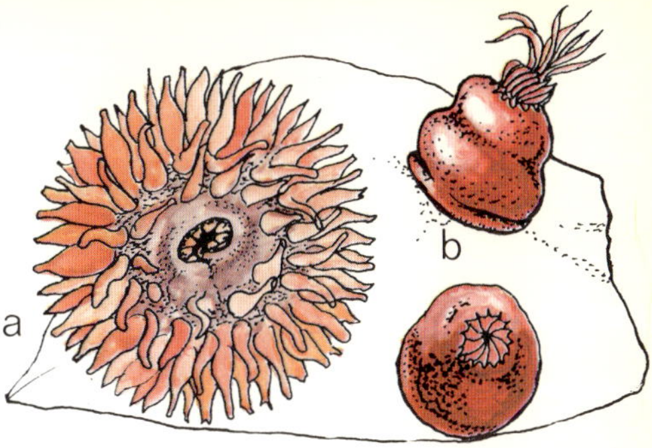

a) Seedahlie, b) Purpurrose

Die hübsche Seedahlie ergreift vorbeischwimmende Fische mit ihren Tentakeln (Fanghaaren). Sie sind mit Nesselzellen ausgestattet und lähmen damit ihre Beute.

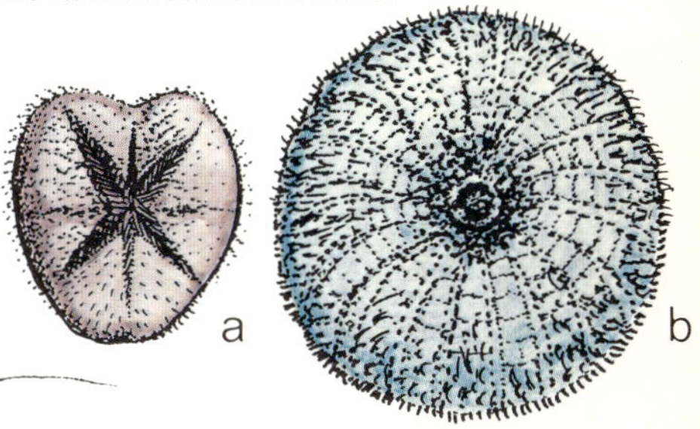

a) Kleiner Herzigel, b) Steinseeigel

Seeigel sind mit Seesternen verwandt. Wenn man sich einen Seestern vorstellt, dessen Arme zusammengefügt sind, hat man schon die Form eines Seeigels. Seeigel sind mit Stacheln bewehrt. Dazwischen haben sie verschieden ausgestattete Tentakel, mit denen die Nahrung zur Mundöffnung auf der Unterseite des Tieres befördert wird.

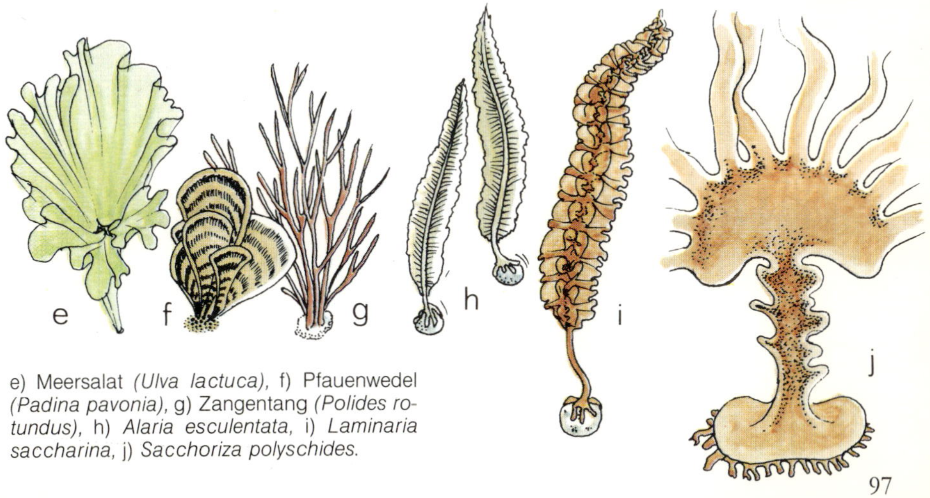

e) Meersalat *(Ulva lactuca)*, f) Pfauenwedel *(Padina pavonia)*, g) Zangentang *(Polides rotundus)*, h) *Alaria esculentata*, i) *Laminaria saccharina*, j) *Sacchoriza polyschides*.

Die Küste bei Abenddämmerung

Ich bin wieder am Meer, jetzt ist es jedoch dämmerig, und hier ist es ganz anders als auf den steilen Klippen, wo der Eissturmvogel brütet und die Alpenkrähen fliegen. Dieser Strandabschnitt ist so einsam wie selten einer auf den Britischen Inseln. Zur Zeit – es ist Ebbe – erstreckt sich der flache, nasse Sandstrand 100 Meter breit vom Spülsaum des Wassers bis zu den ersten Dünengrasbüscheln auf den hügeligen Dünen. Er glitzert kilometerweit, und man sieht nichts als den Leuchtturm (mit der gehißten blauen Flagge) und ein Fischerboot weit draußen. Wir haben Anfang September, und draußen auf dem Meer berührt die große rote Sonne fast das Wasser.

Ich sehe mich nach einer kleinen Ablenkung um – da ist sie schon. Ein Schwarzkehlchen sitzt aufrecht auf einem Pfahl. Es ist das keckste und fröhlichste Wesen unter den Kleinvögeln, etwa so groß wie ein Rotkehlchen, sehr schmuck mit seinem glänzend schwarzen Kopf, kastanienbrauner Unterseite und weißen Halsflecken. Es knickst und kokettiert und vollführt kurze flatternde Jagdflüge. Schwarzkehlchen sind nicht sehr häufig, man findet sie hier hauptsächlich in Meeresnähe. Im Herbst ziehen sie nach Süden. Dieser Vogel ist dabei, Fliegen zu fangen. Es bemüht sich, satt zu werden, bevor es ganz dunkel ist. Ich gehe weiter über die Dünen und wandere still den binnenwärts gelegenen Strandsaum entlang. Das Rauschen der Wellen wird meine Schritte unhörbar machen, bis ich die Flußmündung erreicht habe.

Hier mündet zwar nur ein Bach, der aus den verheideten, sumpfigen Wiesen über Sand und Kies herunterfließt. Wie fast alle Mündungen zieht er jedoch nahrungssuchende Seevögel an. Jetzt richten sie sich gerade zum Schlafen ein. Ob sie stehen oder sitzen, sie wenden ihre Köpfe dem Wind zu. (Sie mögen es nicht, wenn ihr Gefieder zerzaust wird.) Am auffallendsten sind die Austernfischer – stattliche schwarz-weiße Vögel, etwa so groß wie Enten, mit roten Beinen und einem ziemlich langen roten Schnabel. Ein paar von ihnen stochern noch zwischen den Steinen herum. Sie fressen alles mögliche, nicht nur Austern. Es sind ziemlich scheue Vögel, und wie ich näher komme, erschrecken sie und fliegen auf. Sie schlagen heftig mit ihren schwarz-weißen Flügeln und stoßen hohe, schrille Warnrufe aus. Die Möwen bleiben sitzen. Fast alles Sturmmöwen, aber es gibt auch ein paar Lachmöwen darunter. Sie sind gerade in der Mauser und verlieren ihre schwarze Kopfmaske. Außerdem sind da noch einige Mantelmöwen, die ich schon immer bewunderte – möglicherweise nur, weil sie so wuchtig sind und einen so furchterregenden Schnabel haben. Sie leben nicht so gesellig wie die Sturmmöwen, man sieht jedoch oft zwei oder drei in Gesellschaft mit anderen Küstenvögeln auf Nahrungssuche oder am Schlafplatz.

Draußen auf dem Meer nützen noch interessantere Schwimmvögel das schwindende Licht zum Fischen. Sie müssen auch satt werden, bevor die Nacht hereinbricht. Vier oder fünf Seeschwalben fliegen hin und her, sie gleiten über das Wasser mit ihren hübschen, schlanken Flügeln und dem gegabelten Schwanz, stoßen herunter und picken und flattern in den Wellen. (Sie tauchen nur selten.) Arktische Seeschwalben sind die erstaunlichsten Zugvögel. Jedes Jahr ziehen sie von Kanada, Grönland und Nordeuropa hinunter zur Westküste von Afrika, zum Kap der Guten Hoffnung und weiter bis zur Antarktis. Sie machen eine Rundreise von zwanzigtausend Kilometern während der acht Monate, in denen sie nicht brüten, und legen im Durchschnitt täglich fast 200 Kilometer zurück! So beobachte ich diese wenigen Seeschwalben mit Ehrfurcht und auch mit etwas Neid. Sie werden bald verschwunden sein, denn sie befinden sich hier nur auf dem Durchzug.

In der Dämmerung kann ich noch einen Baßtölpel erkennen, der weit draußen schnell und niedrig über dem Wasser nach Süden fliegt. Er ist leicht an seinen schnellen Flügelschlägen und den schwarzen Flügelspitzen zu erkennen. Plötzlich legt er die Flügel an, stürzt sich kopfüber ins Wasser und ist für einige Sekunden verschwunden. Als er wieder auftaucht, kommt ein anderer fischender Vogel ins

Blickfeld meines Fernglases. Es ist ein Kormoran. (Es könnte auch eine Krähenscharbe sein. Das Licht ist jetzt ziemlich schlecht.) Er ist ganz schwarz, fliegt mit schnellen Flügelschlägen tief über dem Wasser und hält den Hals wie ein Schwan vorgestreckt. Dieser zielstrebige Flug des Kormorans erstaunt mich immer wieder. Wo wollen sie wohl hin? Sie sind keine Zugvögel, und Fische fangen sie wie Enten im Schwimmen und Tauchen. Wenn sie so fliegen, fischen sie nicht, man sieht sie niemals aus dem Flug ins Wasser stürzen wie die Baßtölpel. So fliegen sie weiter, wer weiß wohin, und viel zielstrebiger als die meisten anderen Seevögel. Dieser hier fliegt aus meinem Gesichtsfeld. Unaufhaltsam steuert er sein Ziel an, vielleicht sucht er einen Felsen, um sich zum Schlafen niederzulassen.

Wie ich mein Glas senke, bemerke ich ganz in der Nähe, kaum 30 Meter entfernt, einige Sandregenpfeifer zwischen den Steinen. Sie sind höchst lebhafte kleine Vögel – nicht größer als ein Hühnerküken mit schwarzweißem Gesicht und schwarzem Brustlatz. Man trifft sie gewöhnlich in kleinen Trupps von vier bis zwölf Vögeln an. Nach Sonnenuntergang suchen sie auf sandigem, kiesigem Strand häufig nach Nahrung. Zwischen den Steinen sind sie so gut getarnt, daß man sie selbst auf kurze Entfernung kaum wahrnimmt, jedoch – vielleicht gerade deswegen – lassen sie dich gewöhnlich ziemlich nahe an sich herankommen. Ich nehme an, daß sie sich instinktiv mehr auf ihre Tarnfärbung als auf die Flucht verlassen. Sie muten an wie Spielzeug und sind selten ängstlich.

Die Sonne ist jetzt untergegangen, und in der starken Dämmerung fliegen drei Große Brachvögel über das Wasser, schwenken um und wenden sich landeinwärts über Dünen und struppige Wiesen. Große Brachvögel suchen ihr Futter oft in Gesellschaft mit Möwen an der Küste, bei Flut jedoch kehren sie aufs Land zurück. Jedesmal, wenn ich einen Großen Brachvogel sehe, bin ich wieder erstaunt über die Länge seines nach unten gebogenen Schnabels, der etwa halb so lang ist wie der ganze Vogel vom Kopf bis zum Schwanz. Wie ich ihn so betrachte, kommt mir noch etwas Aufregenderes ins Blickfeld. Etwa 50 Meter von hier sehe ich eine Robbe in den brechenden Wellen. Man sieht Kopf und Schultern, dann verschwindet sie kurz und taucht etwas südlicher davon wieder auf. Dies hier ist eigentlich keine Küste für Robben – in der Regel bevorzugen sie Steilküsten. An dieser einsamen, flachen Sandküste zieht sie sicherlich nur vorbei. Robben, die auf den Shetland-Inseln markiert worden sind, wurden schon bei Portugal wiedergefunden.

Erklärungen zur nächsten Doppelseite

Pflanzen

1 *Agropyron pungens* (Quecke), 2 Gemeiner Strandroggen, 3 Meersenf, 4 Strand-Mannstreu, 5 Gemeiner Strandhafer, 6 *Spergularia rupicola* (Schuppenmiere), 7 Weißer Meerkohl, 8 Sägetang, 9 Gemeiner Knorpeltang, 10 Fingertang

Tiere

11 Schweinswal, 12 Kormoran, 13 Baßtölpel, 14 Schwarzschnabelsturmtaucher, 15 Eiderente, 16 Trauerente, 17 Mittelsäger, 18 Strandregenpfeifer, 19 Austernfischer, 20 Mantelmöwe, 21 Sturmmöwe, 22 Lachmöwe, 23 Flußseeschwalbe, 24 Tordalk, 25 Trottellumme, 26 Eibehälter des Glattrochens, 27 Ohrenqualle, 28 Eßbare Herzmuschel, 29 Schwertförmige Messerscheide, 30 Seeigel, 31 Kleiner Herzigel, 32 Sandgarnele, 33 Bernhardskrebs

Seichtes und tiefes Wasser

Die meisten kleinen Küsten-Lebewesen sind nachtaktiv. Bei Tag laufen sie Gefahr, von der Sonne ausgetrocknet oder von einem anderen Tier erbeutet zu werden. Die bis zu 2,5 cm lange Strandassel *(Ligea oceanica)* ist für eine Krabbe oder eine Möwe ein schmackhafter Bissen. Nachts, bei Ebbe, kommt sie aus ihrem Versteck über die Flutwasserlinie herauf, um sich von Algen zu ernähren. Sie ist ausgesprochen lichtscheu und wagt sich selbst bei hellem Mondschein nicht heraus. Vielleicht wird sie nur bei Dunkelheit zu ihrer Tätigkeit angeregt. Es ist jedoch nicht bekannt, woher sie weiß, daß Ebbe ist.
Ein verwandtes Tier, der Sandfloh *(Excirolana)*, kommt hingegen nur bei Flut heraus. Er verläßt den Sand, um in den brechenden Wellen zu schwimmen und zu fressen. Bei Ebbe gräbt er sich wieder im Sand ein. Das würde er auch ohne den Wechsel der Gezeiten so weitermachen. Der Sandfloh muß eine innere Uhr haben.
Dieses tägliche Aktivitätsmuster findet man auch im seichten Wasser, wo sich die Sandgarnele *Crangon vulgaris* bei Tag eingräbt und nachts herauskommt. Der Krebs *Corystes cassiovelaunus* macht das ebenso.

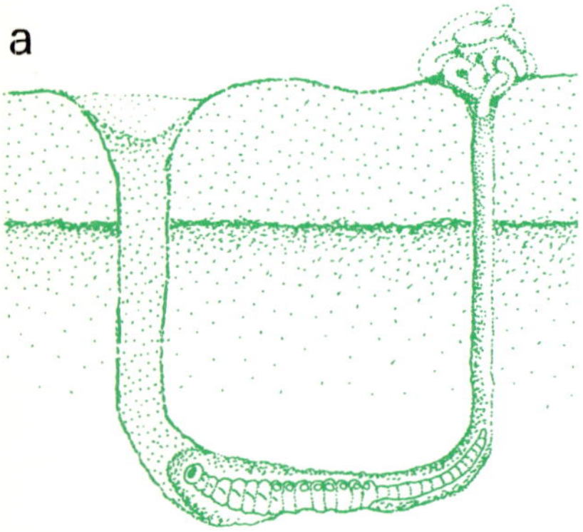

a) Den Köderwurm kann man leicht an seinen aufgehäuften «Sandwürstchen» und dem Trichter am Ende seiner U-förmig gebogenen Röhre erkennen.

b) Die eßbare Herzmuschel gräbt sich bei Ebbe einige Zentimeter in den Sand ein.

c) Die Messermuschel liegt senkrecht im Sand. Bei Störungen zieht sie sich mehr als 30 Zentimeter unter die Oberfläche zurück.

d) Der Borstenwurm ist noch ein bekanntes Lebewesen der Meeresküste, das sich ebenfalls in den Sand eingräbt.

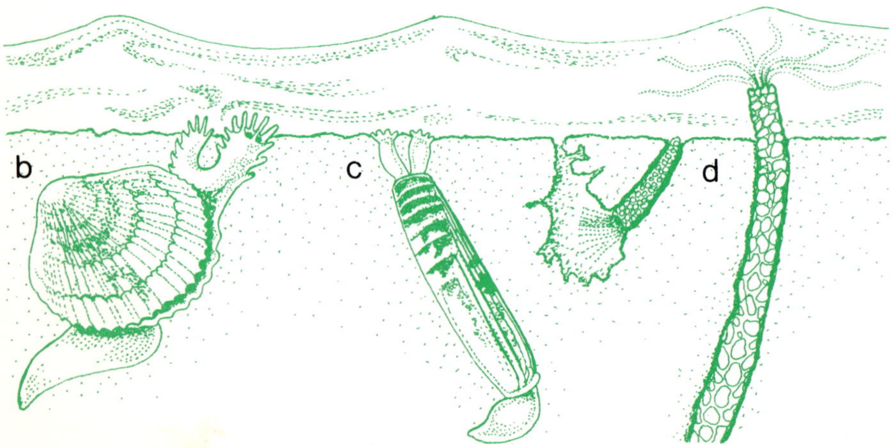

a

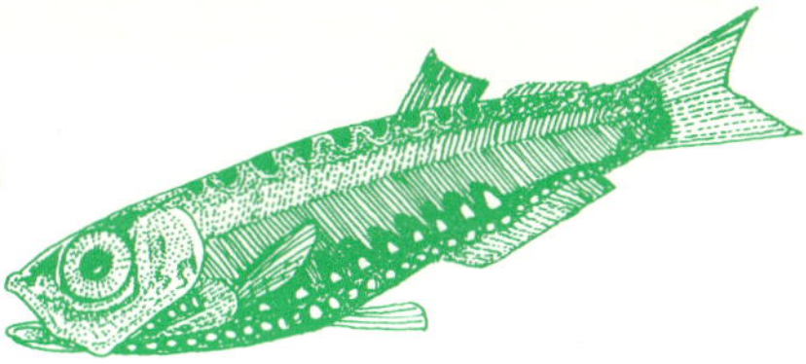

Viele Meerestiere, besonders Tiefseefische, leuchten.

Der Faltbauchfisch *(Argyropelecus)* (a) leuchtet auf der Körperunterseite.
Die Leuchtsardine (*Maurolicus* sp.) (b) und der Viperfisch *(Chauliodus)* (c), ein Nutzfisch, haben leuchtende Stellen an der Körperseite.

b

c

Vermutlich entgehen diese Krustentiere auf diese Weise hungrigen Vögeln. Wenn jedoch die Vögel nur bei Tageslicht auf Nahrungssuche sind, was passiert dann an den kurzen Wintertagen, an denen die Flut die Küste überspült? Die Lösung ist, daß sie auch nachts auf Nahrungssuche gehen können, dann aber meist ihre Technik ändern. Der Rotschenkel z.B. pickt tagsüber seine Nahrung aus dem Sand oder Schlamm, nachts jedoch bewegt er sich vorwärts und zieht dabei seinen Schnabel im Schlamm hin und her, bis er auf eine Beute stößt. Bei diesen Vögeln hat der Nahrungsmangel die innere Uhr außer Kraft gesetzt. Ein Tagvogel verwandelt sich zeitweise in einen Nachtvogel.
Nicht alle Lebewesen sind nur während einer beschränkten Zeit aktiv. Das winzige, einzellige Tier *Goniaulax* braucht wie die Pflanze das Sonnenlicht zur Photosynthese. Nachts aber leuchtet es und bewegt sich nur auf bestimmte Reize hin und bei der Fortpflanzung.
Wir wissen nicht, warum *Goniaulax* leuchtet. Das Leuchten wird für gewöhnlich als eine Form der Verständigung zwischen Tieren angesehen, wo andere Mittel versagen. Dies ist besonders bei Lebewesen der Tiefsee der Fall. Bei einigen Tiefseefischen wirken leuchtende Organe wie ein Köder zum Anlocken der Beute; manche Tintenfische verspritzen leuchtende Flüssigkeit, um ihre Verfolger zu verwirren. An Land ist das Leuchten bei einigen Insektenarten, ganz besonders bei Leuchtkäfern und Glühwürmchen, ein Mittel, um einen Partner auf sich aufmerksam zu machen.

Pflanzen, Tiere und Sachbegriffe von A bis Z

Die *schräggedruckten* Seitenzahlen weisen auf die doppelseitigen Landschaftsbilder hin, die normal gedruckten Zahlen auf Textstellen und begleitende Illustrationen.

A

Acker-Vergißmeinnicht *(Myosotis arvensis)* *59*
Alpenschneehuhn *(Lagopus mutus)* *43*
Ameisen 50
Amsel *(Turdus merula)* *11*, 63, 64, 67
Auge 54–55, 56–57
Austernfischer *(Haematopus ostralegus)* 98, *99*

B

Bach-Ehrenpreis *(Veronica beccabunga)* *11*
Bachstelze *(Motacilla alba)* 82, *83*
Baßtölpel *(Sula bassana)* 98, *99*
Berg-Ahorn *(Acer pseudoplatanus)* 58, 74, *75*
Berghänfling *(Carduelis flavirostris)* 42, *43*
Berg-Ulme *(Ulmus glabra)* *59*
Bernhardskrebs *(Eupagurus bernhardus)* *91*, 97, *99*
Bernsteinschnecke (*Succinea* sp.) 72
Birke *(Betula)* 70, *75*
Blasentang *(Fucus versiculosus)* 90, *91*, 96, 102
Blaues Pfeifengras *(Molinia caerulea)* *43*
Blaumeise *(Parus caeruleus)* *59*, 63
Blutweiderich *(Lythrum salicaria)* *11*, *83*
Breitblättriger Rohrkolben *(Typha latifolia)* *11*, *83*
Brombeere *(Rubus fruticosus)* 26, *59*, 63, *75*, 82, *83*
Bruch-Weide *(Salix fragilis)* *11*, *27*
Brunnenkresse *(Nasturtium officinale)* *11*, *27*
Buchfink *(Fringilla coelebs)* 10, *11*, *59*, 67
Buntspecht *(Dendrocopus major)* 63

C

C-Falter *(Polygonia c-album)* *59*

D

Dachs *(Meles meles)* 51, 66, *67*, 70–71
Dänisches Löffelkraut *(Cochlearia danica)* *91*
Damhirsch *(Dama dama)* *59*
Dohle *(Corvus monedula)* 42, 66
Doppelfüßler *(Diplopoda)* 30–31
Dreiblättriger Fieberklee *(Menyanthes trifoliata)* *83*

E

Echte Nelkenwurz *(Geum urbanum)* *59*, 67
Egelschnecke, Große *(Limax maximus)* 73
Efeu, Gemeiner *(Hedera helix)* *11*, *27*, *67*
Eiderente *(Somateria molissima)* *99*
Eingriffliger Weißdorn *(Crataegus monogyna)* *59*, 70, *75*
Eintagsfliege *(Ephemera vulgata)* *11*, 80, 86, 89
Eissturmvogel *(Fulmaris glacialis)* *91*, 98
Elster *(Pica pica)* 42, 64, 66, 90
Esche, Gemeine *(Fraxinus excelsior)* 58, *59*, 70, 74, *75*
Eulen *(Strigiformes)* 55, 56, 67, 70
Europäischer Beinbrech *(Narthecium ossifragum)* *43*, *75*

F

Farne *(Polypodiaceae)* 74
Feld-Ahorn *(Acer campestris)* *59*
Feldgrille *(Grillus campestris)* 27
Feldhase *(Lepus europaeus)* *51*, *67*
Felsenlabkraut *(Galium saxatile)* *43*
Fetthennen-Steinbrech *(Saxifraga aizoides)* *51*
Fischotter *(Lutra lutra)* *11*
Fitis *(Phylloscopus trochilus)* 10, *11*
Flache Tellerschnecke *(Planorbis planorbis)* *11*, 72
Flechten *(Lichenes)* *51*, *75*, *89*

Fledermäuse 26, *27*, *51*, 55, *67*, 71
Flußseeschwalbe *(Sterna hirundo)* 98, *99*
Fuchs *(Vulpes vulpes)* 15, 54, 55, *67*, 70

G
Gartengrasmücke *(Sylvia borin)* 10, *11*
Gartenschnecke *(Cepaea hortensis)* *11*, *67*, 72
Gebirgsstelze *(Motacilla cinerea)* *75*
Geflecktes Knabenkraut *(Dactylorhiza maculata)* *51*
Gelbrandkäfer *(Dytiscus marginalis)* *11*
Gimpel *(Pyrrhula pyrrhula)* 10–11
Glänzender Storchschnabel *(Geranium lucidum)* *59*, *67*
Glockenheide *(Erica tetralix)* 42, *43*
Glühwürmchen *(Lampyris noctiluca)* 32, 33
Goldammer *(Emberiza citrinella)* *11*, 42–43
Goldhalsmaus *(Apodemis flavicollis)* *67*
Goldnessel *(Galeobdolon luteum)* *59*, *67*
Goldröhrling *(Boletus elegans)* 58
Grasnelke, Gemeine *(Armeria maritima)* *91*
Grasfrosch *(Rana temporaria)* *11*, *27*, 57, 78
Graue Glockenheide *(Erica cinerea)* 42, *43*, *51*
Graugans *(Anser anser)* 39
Graureiher *(Ardea cinerea)* 82, *83*, 86
Grillen *(Grylidae)* 30–31
Großer Brachvogel *(Numenis arquata)* *43*, *75*, 82, *83*
Grünliche Waldhyazinthe *(Platanthera chloranta)* *59*, *67*

H
Haarsimse *(Scirpus caespitosus)* *51*
Hänfling *(Carduelis cannabina)* 10, *11*, 42, *75*, 83
Hänge-Birke *(Betula pendula)* *11*, *27*, *59*, *67*
Hainbänderschnecke *(Cepaea nemoralis)* *59*
Hain-Veilchen *(Viola riviniana)* *59*, *67*
Haselmaus *(Muscardinus avellanarius)* *67*
Haselnuß *(Corylus avellana)* *59*
Haselnußbohrer *(Curculio nucum)* *59*, 81
Haubenmeise *(Parus cristatus)* *75*
Heidekraut *(Calluna vulgaris)* *19*, 46, 74, 82
Heidelbeere *(Vaccinium myrtillus)* 42, *43*, 47
Herzigel, Kleiner *(Echinocardium cordatum)* 97, *99*
Herzmuschel *(Cardium edule)* *99*, 102
Hexenkraut, Großes *(Circaea lutetiana)* *59*, *67*
Hirschzunge *(Phyllitis scolopendrium)* 74, *75*
Höckerschwan *(Cygnus olor)* *11*
Hoher Ampfer *(Rumex hydrolapathum)* *83*
Hundertfüßler *(Chilopoda)* 30
Hunds-Rose *(Rosa canina)* *11*, *27*

I
Igel *(Erinaceus europaeus)* 26, *27*, 30, *66*, 71
Igel-Segge *(Carex echinata)* *51*

K
Kartoffelkäfer *(Leptinotasa decemlineata)* 81
Kernbeißer *(Coccothraustes coccothraustes)* *59*
Kleiber *(Sitta europaea)* 58, 62, 63
Knotentang *(Ascophyllum nodosum)* *91*, 96
Köcherfliegen *(Trichoptera)* 86, 87
Kohlmeise *(Parus major)* *59*, 63
Kolkrabe *(Corvus corax)* 42, *43*, *83*
Kormoran *(Phalacrocorax carbo)* 98, *99*
Krabbenspinne *(Thomisus onustus)* 49
Krähenbeere *(Empetrum nigrum)* *43*
Kreuzspinne *(Araneus diadematus)* *11*, 48, *59*
Kuckuck *(Cuculus canorus)* 38

L
Lachmöwe *(Larus ridibundus)* *91*, 98, *99*
Lebermoos 75, 88
Leuchten 32–33, 103
Löwenzahn *(Taraxacum officinale)* 17
Luftdruck 22–23

Luminiszenz 32–33, 103
Lungen-Enzian *(Gentiana pneumonanthe) 51*

M
Mäusebussard *(Buteo buteo) 43*, 54
Maikäfer *(Melolontha melolontha) 11*, 81
Mandel-Wolfsmilch *(Euphorbia amygdaloides) 59, 67*
Mantelmöwe *(Larus marinus)* 98, *99*
Mauersegler *(Apus apus) 27*, 38, *43*
Mauswiesel *(Mustella nivalis) 43*
Meersaite, Gemeine *(Chorda filum)* 90, *91*
Meersenf *(Cakile maritima) 99*
Merlin *(Falco columbarius)* 54
Miesmuschel *(Mytilus edulis) 91*
Mittelsäger *(Mergus serrator) 99*
Mönchsgrasmücke *(Sylvia atricapilla) 10*, 11, *59*, 62, 63
Mohrenfalter *(Erebia aethiops) 75*
Mond 9, 34, 94
Moorschneehuhn *(Lagopus lagopus) 43*
Moose *(Bryophyta)* 74, *75*, 88

N
Nachtigall *(Luscinia megarhynchos)* 62, 63, 66
Nachtpfauenauge, Kleines *(Saturnia pavonia) 51*, 54
Nebelkrähe *(Corvus corone corvix) 75*
Nesselblättrige Glockenblume *(Campanula trachelium) 59, 67*
Niederliegendes Felsenröschen *(Loiseleuria procumbens)* 42, *43*

O
Ohrenqualle *(Aurelia aurita)* 97, *99*

P
Persischer Ehrenpreis *(Veronica persica) 59, 67*
Photosynthese 78, 94, 103
Polei-Rosmarinheide *(Andromeda polifolia) 43*
Purpurrose *(Actinia equina) 91*, 97

R
Rabenvögel *(Corvidae)* 15, 42
Rainkohl *(Lapsana communis) 59, 67*
Rauchschwalbe *(Hirundo rustica)* 38
Reh *(Capreolus capreolus)* 70–71
Ringdrossel *(Turdus torquatus) 43*
Ringeltaube *(Columba palumbus)* 39, 63, 67
Rippenfarn *(Blechnum spicant) 19, 51*, 74, *75*
Rötelmaus *(Clethrionomys glareolus) 75*
Rot-Buche *(Fagus sylvatica) 59, 67*, 74, *75*
Rotes Ordensband *(Catocala nupta) 67*
Rothirsch *(Cervus elaphus) 67*
Rotschenkel *(Tringa totanus) 27*, 82, *83*, 103

S
Saatkrähe *(Corvus frugilegus)* 42, 90
Sägetang *(Fucus serratus)* 96, *99*
Sandregenpfeifer *(Charadrius hiaticula) 99*
Schafschwingel *(Festuca ovina)* 30, 46
Schleiereule *(Tyto alba)* 50, 67
Schneehase *(Lepus timidus) 43, 51*
Schilf, Gemeines *(Phragmites communis) 11, 27, 83*
Schmielen (*Deschampsia* spp.) 46
Schnecken *(Mollusca)* 30–31, 33, 72–73
Schönes Johanniskraut *(Hypericum pulchrum) 59*
Schwanzmeise *(Aegithalos caudatus)* 64
Schwarz-Erle *(Alnus glutinosa) 11, 27, 75*
Schwarze Königskerze *(Verbascum nigrum)* 49
Schwarzkehlchen *(Saxicola torquata)* 43, 98
Schwarzschnabelsturmtaucher *(Puffinus puffinus) 99*
Seedahlie *(Tealia felina) 91*, 97
Seeigel, Eßbarer *(Echinus esculentus) 93*, 97, *99*
Seepocke *(Balanus balanoides) 91*, 96
Senfweißling *(Leptidea sinapis) 59*
Singdrossel *(Turdus philomelos)* 16, 59, 62

Sonne 14, 24, 38
Sparrige Binse *(Juncus squarrosus) 51*
Sperber *(Accipiter nisus)* 16, 56
Stechginster *(Ulex europaea)* 10, *43*, 47, *75*, *83*
Stechpalme *(Ilex aquifolium) 59*, *67*
Steifes Borstgras *(Nardus stricta)* 46
Steinkauz *(Athene noctua) 11*, *27*
Stengelloses Leimkraut *(Silene acaulis) 51*
Sternbilder 34–35, 39, 40–41
Stern-Steinbrech *(Saxifraga stellaris) 51*
Stieglitz *(Carduelis carduelis)* 10, *11*
Stiel-Eiche *(Quercus robur) 27*, 58, *59*, *67*, 70
Stockente *(Anas platyrhynchos)* 39
Strandhafer, Gemeiner *(Ammophila arenaria) 99*
Strand-Mannstreu *(Eryngium maritimum) 99*
Strandroggen, Gemeiner *(Elymus arenarius) 99*
Strandschnecke, Gemeine *(Littorina littoralis) 91*, 96
Sturmmöwe *(Larus canus) 91*, 98, *99*
Sumpf-Dotterblume *(Caltha palustris) 11*, *27*
Sumpf-Knöterich *(Polygonum amphibium) 83*
Sumpf-Veilchen *(Viola palustris) 43*
Sumpf-Vergißmeinnicht *(Myosotus scorpioides) 11*
Sumpf-Weidenröschen *(Epilobium palustre) 51*
Sumpfmeise *(Parus palustris)* 63
Sumpfohreule *(Asio flammeus) 51*

T
Tafelente *(Aythya ferina) 27*
Tannenmeise *(Parus ater)* 62, *75*
Taschenkrebs *(Cancer pagurus) 91*
Teichhuhn *(Gallinula chloropus) 11*
Teichrohrsänger *(Acrocephalus scirpaceus)* 38, 65
Temperatur 14, 15, 21–22, 30, 62, 78, 94
Tigerlaufkäfer *(Cincindela campestris) 11*, *59*
Tordalk *(Alca torda) 99*
Torfbeere *(Rubus chamaemorus) 43*, 47
Trauben-Kirsche *(Prunus padus) 59*
Trauerente *(Melanitta nigra) 99*
Trottellumme *(Uria aalge) 99*
Turmfalke *(Falco tinnunculus)* 15, *43*, 54, 56, *91*

U
Ulmen *(Ulmus procera, Ulmus glabra) 59*

V
Venusnabel *(Umbilicus rupestris) 59*
Vogelnester 64–65
Vogelzug 39, *42*

W
Wacholder, Gemeiner *(Juniperus communis) 75*
Wacholderdrossel *(Turdus pilaris)* 39, 82, *83*
Wald-Kiefer *(Pinus sylvestris) 75*
Wald-Läusekraut *(Pedicularis sylvatica)* 42, *43*
Wald-Sauerklee *(Oxalis acetosella) 11*, 17
Waldbaumläufer *(Certhia familiaris)* 58, 63
Waldkauz *(Strix aluco)* 15, 16, 26–27, *67*, 70–71
Waldschnepfe *(Scolopax rusticola) 67*, *71*
Wanderfalke *(Falco peregrinus) 91*
Wasser-Hahnenfuß *(Ranunculus aquatilis) 11*, *27*
Wasser-Minze *(Mentha aquatica) 11*
Wasseramsel *(Cinclus cinclus)* 74
Wasserpieper *(Anthus spinoletta) 91*
Wasserspinne *(Argyroneta aquatica)* 49
Wasserspitzmaus *(Neomys fodiens) 27*
Weinbergschnecke *(Helix pomatia)* 73
Weiße Seerose *(Nymphea alba) 11*, *27*
Weißer Meerkohl *(Crambe maritima) 99*
Wellhorn *(Buccinum undatum) 91*
Wespe, Gemeine *(Vespula vulgaris)* 26
Wetter 14, 22–23, 46
Wiesen-Segge *(Carex nigra) 51*

Wildkaninchen *(Oryctolagus cunniculus)* *43,* 70–71
Wind 22–23
Wintergoldhähnchen *(Regulus regulus)* 65, *75*
Wolken 18–19, 22–23, 24
Wucherblume, Gemeine *(Chrysanthemum leucanthemum)* 10, 11, 17
Wurmfarn *(Dryopteris filix-mas)* 74, *75*

Z
Zarter Mauerlattich *(Mycelis muralis)* *59, 67*
Zaunkönig *(Troglodytes troglodytes)* 62–63
Zeisig *(Carduelis spinus)* *75*
Zilpzalp *(Phylloscopus collybita)* 63
Zitronenfalter *(Gonepteryx rhamni)* *11*
Zitter-Pappel *(Populus tremula)* *75*